lunch

Paola Martínez Mérigo

nutrióloga
Alice Sutton

fotografía
Estudio Urquiza Fotógrafos

Edición: Ámbar Diseño, S.C.

Coordinación editorial: Diana Caballero y Adriana Sánchez-Mejorada

Nutrióloga: Alice Sutton

Revisión de recetas: Laura Cordera y Concepción Orvañanos

Corrección de estilo: Rocío Miranda y Cristina Tinoco

Fotografía: Estudio Urquiza Fotógrafos

Gustavo López e Ignacio Urquiza

Estilismo: Laura Cordera

Asistentes de estilismo: Reyna Rosario y Raúl Delgadillo

Producción fotográfica: Mariana Hagerman

Retoque digital: Estudio Urquiza Fotógrafos

Diseño: Adriana Sánchez-Mejorada

Ilustraciones: Kidzania© – Miguel Ángel Vergara

Fabricado e impreso en China en julio 2009 por / Manufactured and
printed in China on July 2009 by: SNP Leefung Printers Limited.
20/F Manulife Tower, 169 Electric Road, Northpoint, Hong Kong, China

Distribución: Advanced Marketing S. de R.L. de C.V.

Calzada San Francisco Cuautlalpan, No.102, Bodega "D"

Col. San Francisco Cuautlalpan, Naucalpan de Juárez,

Estado de México, C.P. 53569

Tel: + 52 (55) 24-51-51-51

ISBN: 978-607-95041-2-0

Segunda edición, julio de 2009.

a mila, boris, galia y ari

contenido

prólogo

Cuando me preguntan el por qué hacer un libro de lunchs para niños, mi respuesta es, simplemente, porque soy mamá. Ser madre, como nos pasa a muchas mujeres, me abrió un mundo nuevo. Los niños nos motivan a aprender cosas que jamás pensamos que nos podrían interesar: de pronto ponemos atención a temas relacionados con la medicina, queremos saber sobre psicología, nos interesan el arte y los deportes; nos importa todo lo que esté relacionado con el bienestar de nuestros hijos porque queremos lo mejor para ellos.

Como a cualquier mamá, me preocupa mucho que mis hijos coman bien, así que cuando me enfrenté al reto de alimentarlos me sentí comprometida y estimulada a estudiar sobre el tema, a buscar y leer libros, a descubrir los secretos que me ayudaran tanto a nutrirlos adecuadamente, como a lograr que disfrutaran de la comida.

Y así poco a poco fui haciendo una recopilación de recetas, sugerencias y consejos para poderlos compartir en este libro con todos los que tienen esta misma responsabilidad.

Mi deseo es ayudarles a simplificarse la vida con recetas que son fáciles de preparar y que aseguran el equilibrio de carbohidratos, proteínas, vitaminas y minerales que requiere la buena nutrición; pero, sobre todo, mi deseo es ayudar a que generemos conciencia sobre lo importante que es enseñarles a los niños buenos hábitos, tanto para construirse un futuro alimentariamente sano como para inculcarles el amor y el gusto por la comida.

Paola Martínez Mérigo

introducción

Éste no es un libro de nutrición; sin embargo es un **libro nutritivo** porque cumple varios propósitos: ofrece opciones de refrigerios escolares, o lunchs, variados, divertidos y saludables; y nos enseña que la buena nutrición no depende de comer sólo determinados alimentos o de ingerir por lo menos cinco raciones de fruta y verdura al día, sino que **una buena nutrición permite incluir de todo,** siempre y cuando se tomen en cuenta tres principios fundamentales: **cuándo, cuánto y qué**.

Es común que le demos más importancia a algunos alimentos respecto a otros, o que se los condicionemos a los niños diciéndoles que sólo si se comen las verduras podrán comer un dulce, por ejemplo; inclusive, muchos llegamos a pensar que si elimináramos las golosinas en casa, los niños tendrían una mejor alimentación. Con frecuencia escuchamos mensajes sobre alimentos supuestamente milagrosos para la salud y sobre otros que, se supone también, hay que evitar a toda costa. Por lo general es información mal documentada que tiende a confundirnos o que, por lo menos, no contribuye a la formación de prácticas saludables.

La información que te ofrecemos en este libro, en cambio, te podrá ayudar tanto a combatir esas creencias y mitos, como a buscar que los niños generen una buena relación con sus alimentos, para que aprendan a ver la comida como algo normal y adopten un estilo de vida y hábitos sanos para su futuro.

ES IMPORTANTE SABER QUE TODO LO QUE COMEMOS PUEDE CUMPLIR UNA FUNCIÓN NUTRITIVA, SIEMPRE QUE LO INCLUYAMOS EN CANTIDADES ADECUADAS EN MOMENTOS DETERMINADOS, Y APRENDAMOS A EQUILIBRARLO CON OTROS NUTRIENTES.

La comida cumple varias funciones, como darnos placer, proveernos de energía, contribuir a que tengamos un buen estado de salud, y también como una ocasión para socializar y comunicarnos. **Si damos a los niños herramientas para que adquieran hábitos nutritivos, como aprender a comer de todo de manera balanceada, les podremos asegurar una buena salud física y mental para toda la vida.** La alimentación contribuye al desarrollo físico, mental y emocional del niño; pero sólo cuando ingiere los nutrientes correctos puede alcanzar todo su potencial de crecimiento, desarrollo cerebral y coordinación motora. Por eso, asegurarnos de que los niños coman bien debe ser una de nuestras mayores preocupaciones.

AUNQUE SOMOS LOS ADULTOS QUIENES TENEMOS LA RESPONSABILIDAD PRIMERA EN LA NUTRICIÓN DE LOS NIÑOS, UNA DE LAS METAS DE LA EDUCACIÓN ES QUE ELLOS SE VUELVAN GRADUALMENTE RESPONSABLES DE SUS HÁBITOS. EL HÁBITO DE ELEGIR DE MANERA CONVENIENTE SUS COMIDAS, SE ADQUIERE EN LA INFANCIA. ES POR ESO QUE DARLES BASES SÓLIDAS Y PROPORCIONARLES UN **ESTILO DE VIDA SALUDABLE**, RESULTARÁ EN BENEFICIO DE SU VIDA FUTURA.

Por otra parte, **la alimentación en la escuela se ha vuelto de fundamental** importancia en los hábitos alimenticios y en la nutrición de los niños. **Su lonchera es una ventana a un sinnúmero de posibilidades**, desde el aprendizaje de una alimentación sana, balanceada, completa y suficiente que proporcione la energía necesaria para que el niño pueda mantener sus funciones cognitivas de manera adecuada y rinda al máximo en sus actividades escolares, hasta **la gratificación emocional** de abrir su lonchera y **sentirse importante, tomado en cuenta, querido y cuidado**.

La etapa preescolar es básica para desarrollar en el niño el hábito de llevar un **lunch nutritivo**, ya que más adelante entrará en contacto con la tiendita de la escuela y muy probablemente, si no ha sido educado para llevar un snack estructurado, comerá alimentos con altos contenidos de grasa y azúcar.

Si nos preguntamos cuándo ha habido mayor atención hacia la salud, ¿ahora o hace 20 años?, la respuesta es: ahora. Entonces, ¿por qué antes no había tantos problemas relacionados con la alimentación como los hay en la actualidad?

Esta atención o sobre-atención hacia la alimentación se observa fácilmente cuando entramos en un supermercado y pasamos por el pasillo de las leches: ¿qué tal la variedad? Hay leches especiales para bebés, para niños, para adultos mayores, para mujeres, sin lactosa, con poca grasa y hasta sin grasa, leches de soya, de arroz, etcétera.

Como vemos, no hay falta de preocupación o de información, hay cada vez más **interés por estar sano** y, no obstante, los índices de enfermedades causadas por desórdenes alimentarios son los mayores que han existido. ¿Qué es, entonces, lo que no estamos haciendo bien? ¿Qué debemos modificar?

Parte de estas respuestas se encuentra en la falta de información respecto a las porciones adecuadas, en las dietas restrictivas y en la enorme oferta de productos "milagrosos" para obtener la figura "ideal", así como a las condiciones de vida sedentaria y a los cambios en la dieta debidos a los alimentos que ya no se preparan en casa, sino que se procesan en fábricas.

La respuesta que aquí damos al problema, es: **volver a lo básico buscando calidad en el estilo de vida familiar** y, en particular, en la de los niños cuando son pequeños. Habría que restablecer hábitos saludables de alimentación, procurar las comidas en familia, incorporar una dieta balanceada, enseñar a los niños la importancia de comer **porciones adecuadas para su edad** y **propiciar el consumo de frutas y verduras** a lo largo del día, que además son de excelente calidad y disponibilidad en nuestro país. Hoy en día, una de las principales problemáticas de la comida light es que nos ha alejado de la posibilidad de asumir responsabilidad y control sobre las porciones que comemos. Creemos que por ser light, podemos comer lo que queramos y vamos acostumbrando a nuestro cuerpo a ingerir cada vez mayores cantidades. Además, los niños se encuentran en etapa de crecimiento, por lo que no debemos sustituir sus nutrimentos por productos light, excepto en el caso de indicación médica.

Comer bien es uno de los grandes placeres de la vida; qué mejor acierto que enseñar a los niños a disfrutarlo. **Evitemos etiquetar los alimentos** como "sanos" o "chatarra", como "buenos" o "malos", como "light" o "engordadores"; enseñemos a los niños a **comer de todo y a equilibrar su alimentación**. Siempre será mejor inculcar al niño el **hábito de la moderación**, que fomentarle la falsa idea de que algunos productos, por ser light, se pueden consumir sin medida.

Uno de los objetivos de este libro es que, al terminar de leer la información sobre nutrición, comprendamos que **la importancia está en la variedad** y hagamos conciencia sobre la responsabilidad de lo que comemos para compartir este mensaje con la familia.

LO IMPORTANTE ES APRENDER LOS TRES PRINCIPIOS BÁSICOS QUE MENCIONAMOS AL INICIO: **CUÁNDO** (TOMAR REFRESCO, POR EJEMPLO, SÓLO EN OCASIONES ESPECIALES O CUANDO COMA EN UN RESTAURANTE); **CUÁNTO** (QUE LO HAGA CON MODERACIÓN, SI YA SE TOMÓ UN REFRESCO QUE DESPUÉS TOME AGUA NATURAL O CON FRUTA); Y **QUÉ** (PROCURAR QUE EL RESTO DEL DÍA INCLUYA ALIMENTOS DE OTROS GRUPOS DE MANERA VARIADA).

En ese sentido, este libro será de gran ayuda, porque a la vez que brinda herramientas para que los niños crezcan en un ambiente alimentariamente sano y feliz, ofrece ideas para hacerles lunchs nutritivos, fáciles de preparar y atractivos a los pequeños en edad preescolar.

el niño preescolar y la alimentación

Para comprender la importancia que tiene la alimentación de los niños en edad preescolar, es necesario conocer de manera básica los cambios por los que atraviesan entre los 2 y los 6 años, porque eso nos permitirá relacionar esos cambios con sus necesidades nutricionales.

Durante este rango de edad, el crecimiento acelerado que tuvo durante los primeros dos años de vida disminuye considerablemente. **El crecimiento ya no es continuo sino por brotes**; es decir, habrá meses en los que no crezca ni suba de peso y otros en los que crezca mucho. De estos brotes dependerá en parte el hambre que el niño tenga. **Habrá épocas en las que coma poco** y otras en las que se acabe todo lo que tiene en su plato o que, inclusive, pida más.

El niño en edad preescolar es un torbellino de actividad; es explorador y utiliza todas las funciones que su cuerpo le proporciona, como correr, saltar, brincar, etc. Su interés primordial es descubrir el mundo y todo lo que lo rodea; entender su entorno. Los períodos de concentración son cortos, por lo que se vuelve casi imposible mantenerlo sentado, ya sea a la mesa de la comida o en reuniones.

La desaceleración en el crecimiento, unida a su interés por explorar, tener su propia personalidad y demostrar su independencia, provocan en el niño disminución del apetito y desinterés hacia la comida. De ahí que a veces tenga mucha hambre y otras no quiera probar bocado. No hay que angustiarse si un día se salta una comida completa o de plano no quiere comer nada; debemos recordar que su cuerpo es absolutamente capaz de regular la cantidad de alimento que realmente necesita. Esto es normal y por lo general no tiene repercusiones en el crecimiento de peso y talla normales (aunque siempre será conveniente que lo valore su pediatra periódicamente). **El niño tiene un mecanismo natural para regular su ingesta alimenticia**, comerá cuando tenga hambre o cuando su cuerpo requiera energía y dejará de comer cuando no necesite el alimento. Asimismo es normal que durante esa etapa el niño adopte algunos alimentos como sus favoritos o preferidos y no quiera comer otros; y de pronto, de la noche a la mañana, ya no quiera volver a probar esos alimentos.

Otra característica común de la edad es **la negativa a probar alimentos nuevos o diferentes**. Sin embargo, si el ambiente es adecuado y si al niño se le ofrecen alimentos nuevos con frecuencia, poco a poco se irá familiarizando con ellos hasta incorporarlos.

En esta etapa se forman los hábitos de alimentación que el niño seguirá el resto de su vida. Los hábitos que se crean dentro de la familia son importantísimos, pues el niño los aprenderá; la relación que la familia establezca con la comida será la pauta para que el niño construya sus propias convicciones y hábitos. El niño preescolar aprenderá y aplicará poco a poco lo que perciba en su familia, así como entre sus compañeros de escuela, en torno a la alimentación. Por ello resulta esencial que se mantenga durante las comidas un ambiente de paz y armonía, que ese momento no se convierta en motivo de discusión ni control.

Durante esta etapa el niño busca demostrar su independencia; parte de su aprendizaje lo obtiene a través de la experiencia propia, de sus aciertos y errores; el niño hace pruebas, sondea cuál comportamiento es adecuado y cuál no lo es. Procuremos entender la etapa y disfrutarla como una época llena de sorpresas y crecimiento; es conveniente hacer conciencia de que nuestra participación en este momento de su vida será de gran impacto a futuro; **establezcamos límites y reglas que estructuren y den soporte a lo que queremos inculcarle**.

En esta edad el preescolar debe sentarse a la mesa con la familia, debe poder maniobrar los cubiertos y el vaso adecuadamente, aceptar variedad de platillos, descubrir nuevos sabores y cordialmente evitar otros. El niño preescolar desarrollará sus propias ideas sobre su alimentación, sobre su escuela, sus amigos, etc. Y en esta etapa aprenderá y mejorará en todas las áreas de su vida, incluyendo la alimentación. **Es importante no regañar al niño durante las comidas para mantener un ambiente de tranquilidad**; que la experiencia de comer en familia sea placentera y beneficiosa para todos.

los hábitos alimenticios en los niños

Ellyn Satter, nutrióloga autora de varios libros de nutrición infantil, describe de manera muy clara las bases de la división de responsabilidades en la alimentación del niño preescolar:

Los adultos somos responsables de lo que haya de comer
y de la manera como se presentan las comidas.
Los niños son responsables de decidir cuánto comer
y si quieren o no comer.

Estos principios se deben aplicar en todas las comidas y bocadillos, o snacks, del niño cada día. Así, es nuestra responsabilidad seleccionar y comprar los alimentos, elaborar y presentar las comidas en porciones adecuadas, en pedazos que el niño pueda manejar, brindarle utensilios apropiados para su edad, regular los horarios de las comidas y establecer formas de comportamiento en la mesa que hagan de la alimentación un momento agradable y placentero.

Debemos buscar que haya una **adecuada proporción visual entre el tamaño y el tipo de alimentos que le ofrecemos**. Pero no somos responsables de decidir la cantidad que el niño va a comer o si lo va a hacer o no.

Si aplicamos esta división de responsabilidades, eliminaremos gran parte de las luchas típicas al momento de comer, porque otorgaremos a los niños las responsabilidades que a ellos les corresponden.

LA ÚNICA MANERA DE QUE EL NIÑO APRENDA A REGULAR SU PROPIA ALIMENTACIÓN Y LA DISFRUTE, ES PERMITIÉNDOLE ASUMIR LAS CONSECUENCIAS.

Por ejemplo: si el niño decide no comer, aprenderá que tendrá hambre antes del siguiente tiempo de alimentación, por lo que en otra ocasión tendrá que tomar su alimentación con mayor seriedad. Si le insistimos en que coma o somos permisivos y le damos un snack en cuanto le dé hambre, impediremos que aprenda la consecuencia de no comer a tiempo y le quitamos la responsabilidad de regular su alimentación.

Es muy importante no atribuir valores de premio ni de castigo a los alimentos, especialmente si se trata de que el niño pruebe comidas nuevas o de que coma verduras. Se ha demostrado que los niños preescolares evitan más y les gustan menos los alimentos cuando los premian por comerlos. Su reflexión parece ser: "si me dan algo a cambio de comer esto, es porque no debe estar tan bueno". Asimismo, le otorgamos un valor emocional a los alimentos "premio" y enseñamos al niño a obtener una gratificación con éstos, que comúnmente son galletas, dulces, papas fritas, etcétera.

Debemos proveer al niño de alimentos que resulten atractivos a sus sentidos. Incluir **alimentos que pueda manipular por sí mismo, alimentos crujientes, con diferentes texturas, colores y sabores.** Las comidas muy calientes o muy frías tienden a ser rechazadas. Para que un niño se anime a probar un alimento nuevo, debe de ser **atractivo a su vista** (cortado en figuras originales, en un tamaño adecuado, presentado en contenedores agradables, etcétera). Es conveniente ofrecer los alimentos nuevos al principio de la comida, cuando el niño tiene hambre, o servirlos junto con otros alimentos que le sean familiares y ya acepte bien. A veces, los niños incorporan un alimento nuevo cuando ven que también sus amigos lo llevan a la escuela, por eso puede funcionar enviárselo de lunch junto con sus alimentos habituales.

Algunas sugerencias para inculcar y mantener hábitos de alimentación saludables en los niños, son:

- **Establecer horarios regulares para las comidas y snacks:** el propiciar una rutina en la alimentación permite conocer el propio cuerpo y regular el sistema de hambre-saciedad. Los horarios regulares evitan la necesidad de "picar" alimentos en horarios fuera de las comidas que aumentan el riesgo de adquirir sobrepeso a largo plazo.

- **Destinar lugares específicos para la alimentación:** no debemos permitir que los niños coman en la recámara o viendo la televisión. Dar a la alimentación un lugar y un momento nos ayudará a establecer límites y hábitos saludables; también favorecerá que el pequeño capte y conozca las sensaciones de hambre y saciedad que su cuerpo le indica.

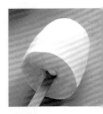

- **Comer en familia:** además de ser un momento agradable para todos y propiciar una buena comunicación, nos facilita procurarles platillos más sanos a los niños y familiarizarlos con los nuevos. Las comidas en familia son una excelente oportunidad tanto para establecer normas y hábitos, como para aprenderlos.

- **Enseñar a los niños a respetar su cuerpo respecto a la alimentación:** es importante enseñar a los niños a comer cuando tienen hambre y dejar de hacerlo cuando estén satisfechos. Que no coman hasta sentirse incómodamente "llenos".

- **Presentar una alimentación completa en grupos de alimentos y variada, e introducir lo nuevo gradualmente:** para que un niño acepte probar un alimento nuevo, debemos proponérselo varias veces; no hace falta presionarlos, a los niños les gusta descubrir las novedades en sus propios tiempos. La variedad en la alimentación aumenta la disponibilidad de nutrimentos.

- **Dar un buen ejemplo:** si el niño observa que comemos una amplia variedad, es muy probable que siga nuestro ejemplo. Debemos comer lo que queremos que también ellos coman.

- **Servir porciones medianas:** el niño no va a comer más porque le sirvamos un plato lleno. Es mejor acostumbrarlo a pedir más si así lo desea y no que tenga que limpiar su plato. Esto también le ayudará a tomar conciencia de su propia hambre y saciedad.

- **Enseñar a los niños a tomar agua simple:** la mayor parte de los procesos del cuerpo requieren agua, por lo que es primordial mantener un buen estado de hidratación. Empleemos los jugos y las aguas azucaradas como bebidas complementarias del agua, pero no como el líquido principal.

- **Evitar las batallas durante las comidas, aplicando la división de responsabilidades al respecto:** no debemos castigar o premiar a los niños con la comida, pues le otorgaríamos un valor emocional que a largo plazo dañaría su relación con ella. Uno de nuestros objetivos es que los niños asocien su alimentación con bienestar, confianza y diversión.

- **Involucrar a los niños con su alimentación:** los niños pequeños disfrutan desde la compra de los víveres para la semana, hasta los procesos de prepararlos y servirlos; muchas veces se muestran más entusiastas para comer o probar los platillos si participaron en su preparación. Hacerlo así nos permite también conocer sus preferencias y enseñarles acerca de su nutrición.

la importancia del desayuno

Aunque este es un libro acerca del lunch escolar, es importante hablar del desayuno por varias razones. En primer lugar por tratarse del alimento que rompe el ayuno y provee la energía que requiere nuestro metabolismo para despertar hacia un nuevo día. En segundo lugar, porque hoy en día se ha extendido la práctica de saltarse el desayuno, tanto entre adultos como entre niños; ya sea por falta de apetito, por falta de tiempo, o por la simple negación a desayunar. Muchas veces pensamos que el desayuno y el lunch escolar pueden ser sustituibles entre sí; es decir, que si el niño desayuna bien en casa no requiere llevar lunch a la escuela, o bien que con una galleta o cualquier cosita que coma será suficiente; o por el contrario, creemos que si el niño come su lunch, aunque no haya desayunado, tendrá una dieta adecuada. Aquí hablaremos de la importancia del desayuno y del lunch por separado, ya que no son sustituibles entre sí.

Se ha demostrado que ese primer alimento del día es esencial para los procesos de aprendizaje, concentración y memoria. Por otro lado, la falta de calorías matutinas se relaciona con una menor capacidad corporal para mantener el mecanismo de hambre-saciedad a lo largo del día, eso provoca desestructuración de la alimentación y ésta se relaciona con riesgos de sobrepeso y obesidad. Otros estudios demuestran también que **desayunar limita el deseo de ingerir grasas y snacks durante el resto del día**.

El desayuno es una costumbre sana y nosotros debemos propiciar las condiciones necesarias para que se desarrolle de la manera adecuada. No desayunar es una mala práctica que se agudiza con la edad; el hábito se va perdiendo y dificultando cada vez más la costumbre de realizarlo. Por eso es necesario establecerlo desde edades tempranas y procurar mantenerlo.

El éxito dependerá solamente de que nos organicemos para otorgarle al desayuno la importancia que amerita. **El desayuno es el principio de una vida ordenada.**

Un desayuno completo asegura que nuestro cuerpo reciba los nutrimentos indispensables para ponerse en marcha; por tanto debe de ser una comida equilibrada y bien pensada. Un desayuno equilibrado contribuye a repartir de manera armónica las calorías que el niño requiere durante el día. **Desayunar mejora el estado nutricional**, aumenta el rendimiento físico e intelectual, propicia un buen estado de ánimo y ayuda a controlar el peso corporal, entre otros beneficios.

Algunas recomendaciones útiles para que el niño desayune, son:

- **Planear juntos por anticipado:** es conveniente preguntarle al niño qué le gustaría desayunar; eso se puede hacer mientras vamos rumbo a la escuela, antes de dormir o en cualquier momento que tengamos para platicar con él. Inclusive se pueden planear todos los desayunos de una semana con las opciones que él nos dé. Una vez establecida la rutina, observemos qué opciones nos resultan más cómodas de acuerdo al tiempo que requiera su preparación, a los gustos del resto de la familia y a la disponibilidad de los productos según la época del año. Será más fácil establecer el hábito si preparamos desayunos sencillos durante los días de escuela y dejamos los más elaborados, o que requieran más tiempo, para el fin de semana.

- **Ahorrar tiempo de preparación:** es útil adelantar desde la noche anterior algunas tareas, como dejar los platos y utensilios puestos, partir la fruta, rallar el queso, etcétera; todo eso nos agilizará la preparación del desayuno, será más fácil, cómoda y rápida.

- **Tener ya lista en la mesa fruta partida o jugo natural:** así, mientras preparamos algún otro alimento (como huevos o quesadillas, etcétera, que se hacen al momento), nos aseguramos de que el niño inicie su día comiendo fruta, que es una buena fuente de vitaminas, minerales, fibra y agua.

- **Poner el despertador temprano:** con sólo diez minutos adicionales cada día, el niño puede sentarse a la mesa y obtener un desayuno saludable. Acostumbremos a los niños a disponer del tiempo suficiente para desayunar.

- **Evitar encender la televisión o cualquier otro entretenimiento durante el desayuno:** eso los distrae y hace que restemos importancia a la alimentación.

- **Establecer un tiempo para que el niño se siente a la mesa:** al principio podrá no tener hambre y no querrá probar bocado (especialmente si no está acostumbrado a desayunar), pero si le inculcamos el hábito de sentarse y destinar un tiempo especial para desayunar, terminará por hacerlo.

RECORDEMOS QUE LOS HÁBITOS QUE INICIEMOS HOY, SERÁN LA BASE DE LA ALIMENTACIÓN DE MAÑANA.

la importancia de planear los snacks y el lunch escolar

Los snacks o colaciones deben ser momentos de alimentación planeados, básicos para mantener una dieta nutritiva. Su función es **ayudar a que el niño mantenga un buen nivel de energía durante todo el día**, pero sin que le quite el hambre para las tres comidas principales. Recordemos que **el snack, como el lunch, no sustituye el desayuno ni la comida**. Se ha comprobado que incluir colaciones planeadas en la alimentación ayuda a mantener activo el metabolismo, conservar el cuerpo con energía y evitar los extremos en las sensaciones de hambre y saciedad.

Comer alimentos de manera desordenada a lo largo del día puede ser causante de una sobre alimentación; pero, el no planear alimentos intermedios, puede dejar a los niños con baja energía o sin los nutrimentos necesarios para desempeñar su rutina habitual.

El niño en edad preescolar, como se mencionó antes, está en constante movimiento; su intensa actividad demanda que tenga las calorías suficientes para desarrollarse de manera conveniente. Además, **su estómago es pequeño, por lo que necesita porciones también pequeñas pero de manera frecuente**. Por lo general, es difícil que con desayuno, comida y cena el niño cubra la cantidad de alimento que requiere; por eso los snacks se vuelven muy importantes. Los niños preescolares **obtienen de sus colaciones entre una cuarta y una tercera parte de las calorías que requieren**; así que debemos procurar que sean tanto nutritivas y suficientes, como agradables y apetecibles.

El lunch escolar es una excelente oportunidad para que el niño pruebe nuevos alimentos y obtenga los nutrimentos necesarios para su actividad. Además, también adquiere importancia por ser el primer acercamiento social con otros niños de su misma edad; **durante el período de lunch el niño aprende de los otros niños** y se relaciona con ellos al mismo tiempo que se nutre.

Algunos aspectos importantes para que el lunch escolar sea adecuado, son:

- **Incluir al menos una opción de cada uno de los 3 grupos de alimentos básicos:** fruta y verdura, cereal y proteína.
- **Enviar porciones adecuadas:** que sean agradables a la vista y mantengan equilibrio con los demás alimentos que le enviemos; que no sea demasiada cantidad porque le quitará el hambre para la siguiente comida, pero tampoco debe ser muy pequeña. Recordemos que el lunch debe mantener al niño con buena energía.
- **Incluir alimentos ricos en fibra:** frutas, verduras, cereales o panes integrales, leguminosas o nueces.
- **Evitar que contenga una alta proporción de grasas y azúcares.**
- **Incluir líquidos, pues la hidratación de los niños es igualmente importante:** será mejor procurar que beba agua simple, pero para variar también podemos enviarle algunas veces jugo, leche, aguas de frutas, etcétera.
- **Procurar que el lunch sea sabroso y esté presentado de una manera atractiva para que el niño se lo coma y, además, lo disfrute.**

Hay dos preguntas que con frecuencia se hacen las personas con respecto a los lunchs escolares, los snacks, o cualquier otro refrigerio en general:

¿Es sano darle al niño jugos, galletas o dulces?

¿Debemos incluir como alimentos nutritivos: salchichas, jamón u otros embutidos?

En mi experiencia como nutrióloga, especialista en trastornos de alimentación y mamá, puedo decir que la alimentación no se basa en determinados alimentos por sí solos, como ya hemos explicado; no hay alimentos buenos ni malos, sino que todos cumplen una función específica en un momento determinado. **El éxito para que resulten sanos y nutritivos dependerá de la manera como los combinemos durante el día.**

Cualquier alimento puede ser nutritivo como snack si lo damos en porciones adecuadas y tomamos en cuenta la alimentación del resto del día. Por ejemplo, si sabemos que a los niños les gusta tomar jugos o comer dulces a media tarde, lo recomendable sería moderar ese tipo de alimentos en su lunch escolar y mejor darles la opción de hacerlo por la tarde; pero si no es así, entonces no tiene nada de malo incluirlos algunas veces en su lunch o como snack, siempre que sea en porciones adecuadas y combinados con productos de los otros grupos alimenticios.

Si etiquetamos los alimentos como buenos o malos, lo más probable es que les causemos a los niños mayor ansiedad y antojo por aquello que tratamos de evitarles; les otorgaríamos una carga emocional. La base de una alimentación saludable se encuentra en la moderación. Por ejemplo: **si les enviamos a la escuela productos azucarados o con alto contenido de grasa, deberemos balancear sus siguientes alimentos y alternarlos con otros que contengan menos azúcares y grasa.**

En cuanto a los embutidos, sucede lo mismo. Pueden ser una buena fuente de proteína, generalmente son fáciles de preparar y los niños tienden a aceptarlos gustosamente en su lunch escolar. Sin embargo, habrá que incorporarlos sólo de vez en cuando y alternarlos con otras fuentes de proteína. **La variedad es la mejor aliada para evitar excesos y deficiencias en cuanto a los nutrimentos.**

tips para que los niños se coman su lunch

- **Sentarse junto con ellos a planear, preparar y, siempre que haya tiempo, empacar su lunch:** esto aumenta su interés y es más probable que coman si se sienten involucrados en el proceso. Debemos tomar en cuenta sus gustos y preferencias y, al mismo tiempo, aprovechar la ocasión para platicarles y enseñarles sobre los hábitos saludables.
- **Celebrar ocasiones especiales:** eso también aumenta su interés; por ejemplo, le podemos enviar un sándwich con forma de corazón el día de San Valentín, galletas decoradas para Halloween, etcétera.
- **Probar alimentos nuevos o diferentes de vez en cuando:** comprar frutas exóticas, o realizar preparaciones nuevas, es una manera de descubrir cuáles alimentos le gustan al niño.

- **Procurar que haya contraste entre texturas, sabores y formas de presentación:** esto hará que su lunch sea más interesante y atractivo. Recordemos que la primera impresión depende de la apariencia que tienen los alimentos, y eso redundará en que el niño se sienta atraído hacia ellos o los rechace.
- **Enviar una nota, un dibujo o cualquier detalle dentro de su lonchera; eso lo hará sentirse especial.**
- **Crear nuestra propia "lonchera feliz":** se puede incluir, junto con sus alimentos, una estampa, un lápiz de color, una goma o algún otro pequeño detalle que lo sorprenda.
- **Conseguir loncheras, contenedores y bolsas atractivas:** la forma de empacar y enviar el lunch tiene un gran impacto en la aceptación del niño. Busquemos que los empaques sean atractivos a la vista.
- **Escuchar al niño:** si obtenemos retroalimentación de lo que le gustó y lo que no le gustó, o nos platica sobre lo que otros niños llevaron de lunch y le llamó la atención, nos puede resultar de gran utilidad para enviarle alimentos nuevos y diferentes.

los conceptos básicos de la nutrición

Hemos dicho que la nutrición es el proceso mediante el cual nuestro cuerpo obtiene los nutrimentos necesarios para su adecuado funcionamiento. **El óptimo crecimiento de los niños depende de una alimentación saludable**, tanto en la calidad de la dieta como en la cantidad. Una dieta saludable es aquella que provee los nutrimentos esenciales y la energía suficiente para prevenir deficiencias o excesos nutricionales, así como prevenir enfermedades.

Una de las maneras de saber si el niño consume los alimentos necesarios (en cuanto a cantidad) es valorar su estado nutricional a partir de sus curvas de crecimiento. Un dato aislado no nos indica nada, sino que se debe valorar el comportamiento de la curva completa. Si el niño se encuentra por debajo o por arriba de lo esperado, es recomendable consultarlo con un especialista.

Para lograr una alimentación saludable es necesario conocer el Plato del Bien Comer, el cual es una representación gráfica de la forma como debemos estructurar nuestra alimentación y la de nuestra familia.

El Plato del Bien Comer reconoce tres grupos de alimentos:

Frutas y verduras, como: manzana, pera, plátano, ciruela, apio, jitomate, brócoli, zanahoria, etcétera. De este grupo debemos de tratar de incluir al menos cinco porciones al día, ya que son fuente de vitaminas, minerales, agua y fibra. No contienen grasa y permiten dar color, textura y variedad a los platillos. Podemos incluirlas crudas, cocidas, en jugo, enlatadas, etcétera.

Plato del Bien Comer*

Cereales y tubérculos, como: tortilla, pan, arroz, pasta, elote, papa, camote, etcétera. Este grupo es la principal fuente de energía y proporciona hidratos de carbono, vitaminas, minerales y fibra. También ayudan a dar variedad.

Leguminosas y alimentos de origen animal, como: frijol, haba, garbanzo, lenteja, soya, leche, huevo, queso, carne, pescado, pollo, etcétera. Este grupo proporciona proteínas, vitaminas y minerales.

Las grasas y los azúcares son complementos de nuestra alimentación y deben consumirse de manera moderada; será mejor consumir grasas de origen vegetal que de origen animal, ya que estas últimas contienen grasas saturadas y colesterol que, cuando se ingieren en exceso, pueden ser dañinos para la salud.

Para lograr una dieta adecuada que incluya todos los nutrimentos necesarios, nuestra comida debe cumplir con las siguientes características:

* Secretaria de Salud, Norma Oficial Mexicana NOM-043-SSA2-2005.

Completa

Incluir en cada alimento principal (desayuno, comida y cena) los tres grupos de alimentos del Plato del Bien Comer; es decir: cereales, proteínas, frutas y/o verduras. Por ejemplo, un desayuno completo puede ser:

   1 quesadilla (cereal + proteína) y una porción de sandía (fruta).

Variada

Ningún grupo por sí solo brinda todo lo que requiere una alimentación saludable. Dentro de cada grupo, tratemos de seleccionar alimentos diferentes para asegurar el aporte de todas las vitaminas y minerales. **La variedad hace también que los menús sean más interesantes y atractivos.** Asimismo, si preparamos los alimentos de diferentes maneras, podremos conocer los gustos del niño; quizá le guste mucho un producto cocinado de una manera, pero no de otra.

Equilibrada

Los nutrimentos deben guardar proporciones entre sí; es decir, no consumir muchos alimentos de un grupo y muy pocos de otro grupo. Así, cuando incluimos alimentos con un alto contenido calórico, es recomendable combinarlos con otros de bajo contenido.

Suficiente

No comer de más ni de menos. Deberemos procurar que la alimentación no genere excesos ni deficiencias de peso o de nutrimentos específicos. La cantidad variará de acuerdo con la edad de la persona, el sexo, su peso, su estatura y la actividad física que desarrolla.

Inocua

El consumo habitual de alimentos debe evitar riesgos para la salud. En este punto entran todos los hábitos de higiene y sanidad; desde **enseñar a los niños a lavarse las manos antes de comer, hasta preparar de forma higiénica los alimentos**: como lavar y desinfectar las verduras, utilizar tablas para picar, mantener los alimentos a la temperatura adecuada, etcétera.

ES IMPORTANTE NO OLVIDAR QUE **TODOS LOS ALIMENTOS CUMPLEN UNA FUNCIÓN EN EL ORGA-NISMO** Y QUE POR ESO TODOS SON IMPORTANTES; NO EXISTE EL ALIMENTO "ESTRELLA" O EL "CHATARRA", LO IMPORTANTE ES QUE LOGREMOS EQUILIBRARLOS.

Sin restar importancia a ningún nutrimento, pues –como se ha dicho– todos cumplen funciones específicas, a continuación ofrecemos una breve explicación sobre los macronutrimentos, así como de algunas vitaminas y minerales específicos que debemos considerar dada su importancia para el niño en edad preescolar:

Hidratos de carbono

Comúnmente conocidos como carbohidratos, son la principal fuente de energía para el cerebro. Proveen energía, vitaminas y minerales. Se dividen en simples y complejos. Los carbohidratos simples se encuentran en la fruta (fructosa), leche (lactosa), dulces y azúcar (sacarosa). Proveen energía rápida porque no requieren de mucho proceso de digestión y, por lo mismo, su absorción es inmediata. Los carbohidratos complejos incluyen fibra y almidón, y se encuentran en verduras, pan, trigo, arroz y harinas integrales. Son complejos porque el cuerpo tarda más tiempo en digerirlos y en procesarlos como glucosa. Esto hace que retarden o prolonguen la sensación de saciedad.

Proteínas

Su función es construir y reparar los tejidos corporales. Asimismo la proteína juega un papel importante ayudando a los anticuerpos a prevenir infecciones. Obtenemos proteína de dos fuentes: animal, como carnes, pollo, pescado, huevo, leche, yogurt, queso, etcétera; y vegetal, a través de las nueces y las leguminosas como frijol, lenteja y soya.

Lípidos

Son la fuente más concentrada de energía. **Ayudan al metabolismo hormonal y a transportar las vitaminas A, D, E y K**. Al ser más difíciles de digerir, prolongan la sensación de satisfacción y saciedad. Las principales fuentes de lípidos, son: aceites vegetales, mantequilla, mayonesa, crema, etcétera.

Hierro

Es importante para la formación de glóbulos rojos para la hemoglobina, la cual es la encargada de transportar oxígeno a las células. La falta de hierro aumenta la susceptibilidad a infecciones; también afecta el adecuado desarrollo cognitivo, por lo que es de fundamental importancia que los niños consuman varias fuentes de hierro durante el día para evitar enfermedades por deficiencia, como la anemia. En México, según la Encuesta Nacional de Salud y Nutrición de 2006, la prevalencia de anemia en niños preescolares es del 23.7 %; es decir, casi una cuarta parte de los niños. Los alimentos con mayor fuente de hierro son: carnes, hígado, leguminosas, nueces y semillas, así como verduras de hoja verde, como las espinacas.

Vitamina C

Actúa en el sistema inmunológico para la resistencia a infecciones. Ayuda a absorber hierro en la alimentación de manera adecuada. Interviene en la formación de colágeno, fortaleciendo y acelerando la curación de heridas. La vitamina C se encuentra principalmente en frutas cítricas como naranja, limón y toronja, también en otros frutos y verduras como guayaba, fresas, chile, jitomate, etcétera.

Vitamina A

Ayuda al mantenimiento de piel y mucosas, así como a la visión. Su deficiencia se asocia con infecciones frecuentes y crecimiento inadecuado. Se encuentra principalmente en frutas y verduras, así como en leche fortificada, entre otros productos.

Calcio

Es un nutrimento clave para el crecimiento y desarrollo de huesos y dientes. Asimismo interviene en la contracción muscular y en las funciones nerviosas normales. La mayor parte del calcio se obtiene durante la niñez por medio de la leche y los productos lácteos. Algunas otras fuentes son: tortilla de maíz nixtamalizada, cereal fortificado, sardinas y tofu.

Agua

Es esencial para la vida y representa hasta 2/3 partes de nuestro cuerpo. Se encuentra presente en todos los procesos del organismo, transporta nutrimentos y sustancias, y ayuda a mantener la temperatura corporal.

Estamos concientes de que **la alimentación de los pequeños no es una tarea fácil**. Por eso sabemos que este libro será de gran ayuda, pues además de enseñarnos cómo preparar lunchs variados, nutritivos y divertidos, con ideas prácticas y creativas, nos explica los principios básicos de nutrición para aprender a hacer nuestros propios menús sin necesidad de un recetario.

Nos enseña también a sustituir los alimentos que no les gusten a los niños por otros que sí les gusten y que además cumplan con los mismos requisitos nutricionales. Aprenderemos que para enviarles lunchs sanos y completos no necesitamos preparar todo en la casa, sino que podemos también comprar algunas cosas ya hechas.

LO IMPORTANTE ES RECORDAR QUE EXISTEN TRES PRINCIPIOS FUNDAMENTALES DE NUTRICIÓN: CÚANDO, CUÁNTO Y QUÉ. LO DEMÁS, ES SÓLO COSA DE ECHAR A VOLAR LA IMAGINACIÓN.

¡Mucha suerte y buen provecho!

Alice Sutton, nutrióloga

qué necesitarás...

Te presentamos aquí la lista de las cosas que deberás tener a mano para hacer los lunchs de este libro:

moldes para
galletas: hay de
muchas formas y
tamaños y son muy
fáciles de conseguir,
desde tiendas
especializadas
en artículos para
cocina, hasta en
mercados

instrumentos para
cortar, rallar y
hacer cortes en
forma de bolitas
en las frutas
y verduras

papel encerado y
plástico adherente

moldes y adornos
para mantecadas

palos de madera
largos y cortos
para brochetas

bolsitas selladas de
gel congeladas para
mantener frescos los
alimentos

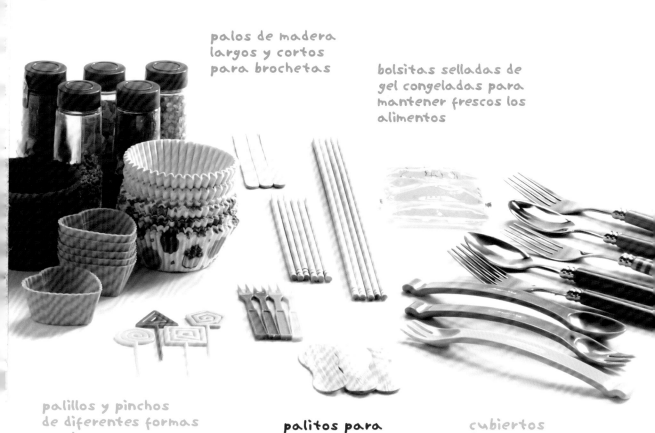

palillos y pinchos
de diferentes formas
y colores

palitos para
paletas

cubiertos
de colores

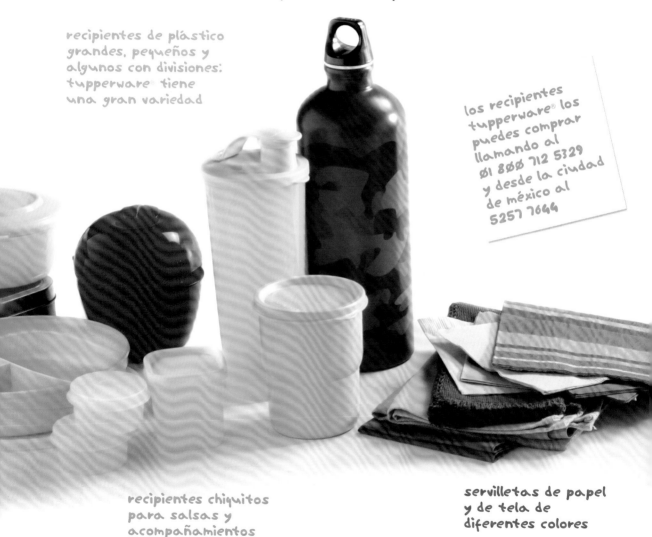

termos y vasos de
plástico con tapa

recipientes de plástico
grandes, pequeños y
algunos con divisiones:
tupperware® tiene
una gran variedad

los recipientes
tupperware® los
puedes comprar
llamando al
Ø1 8ØØ 712 5329
y desde la ciudad
de méxico al
5257 7644

recipientes chiquitos
para salsas y
acompañamientos

servilletas de papel
y de tela de
diferentes colores

loncheras: hay de muchísimas formas, colores y tamaños, recuerda que la variedad es estimulante para los niños

cualquier cosa que te sirva para decorar los empaques, para enviarle al niño su lunch de manera original como estampas y etiquetas

bolsas de plástico lisas y decoradas, de papel de estraza, cajitas de cartón lisas y decoradas, recipientes de aluminio, etcétera, cualquier otro tipo de empaque que te guste para guardar el lunch

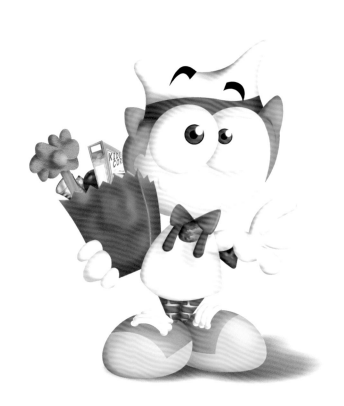

primera semana

hamburguesitas
catsup casera
ensalada de elote y piña
paletas heladas de yogurt tipo petit suisse
agua de tuna

hamburguesitas

(10 min) Rinde para 2 porciones

Necesitarás: cortadores de galletas redondos, bolsa de papel estraza y papel encerado

100 g de filete de res molido

1/4 cdita. de sal de cebolla

y de pimienta negra molida

1 huevo

Aceite en aerosol

1 rebanada de queso amarillo

2 panes para hamburguesa

1 cda. de salsa catsup

Mezcla la carne molida con los sazonadores y el huevo. Forma hamburguesitas ligeramente más grandes que el cortador que vas a usar. Primero corta la base del pan con el cortador. Después corta la tapa del pan y la rebanada del queso amarillo con el cortador y reserva los sobrantes del pan para otro uso (pan molido para empanizar o pan francés). En una sartén a fuego medio rocía el aceite en aeorosol y fríe la carne. Coloca una pieza de carne sobre una base del mini bollo. Coloca una rebanada del queso amarillo en la sartén durante 2 segundos de cada lado para que se suavice y caliente ligeramente y colócala sobre la carne. Agrega catsup sobre el queso y cubre con la tapa de pan. Envuélvela en papel encerado y colócala en una bolsa de papel estraza.

catsup casera

(12 min) Rinde para 2 tazas

345 g de puré de tomate La Costeña®

1 zanahoria pequeña sin piel, cocida y hecha puré

1 cda. de agua

1 cda. de vinagre de manzana

1/2 cda. de azúcar morena

1/2 cdita. de mostaza

1/4 cdita. de sal con ajo y de pimienta dulce

En una olla pequeña mezcla todos los ingredientes y permite que hiervan 5 minutos para integrar los sabores. Coloca la porción deseada en un Tupperware® pequeño para poner en la lonchera. Refrigera la mezcla sobrante en un Tupperware® hasta por una semana.

Para una catsup más condimentada puedes agregarle, junto con los ingredientes, chile piquín.

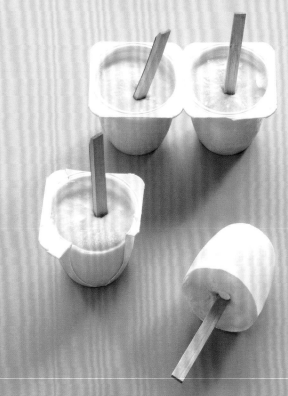

ensalada de elote y piña

(8 min) Rinde para 4 porciones

1/2 lata (60 g) de granos de elote La Costeña®

1 taza de piña fresca picada en trocitos del mismo tamaño que los granos de elote

2 cdas. de crema

Mezcla los granos de elote con la piña e incorpora la crema. Coloca la ensalada en un Tupperware®.

Para que los niños coman mejor, te recomiendo servirles porciones pequeñas y, siempre que sea posible, partidas en trozos pequeñitos; se les antojan más.

paletas heladas de yogurt tipo petit suisse

(5 min + el tiempo de congelación) Rinde para 2 porciones

Necesitarás: 2 palitos para paleta y bolsitas selladas de gel para congelación

2 yogurts tipo petit suisse verdes o amarillos

Prepara las paletas con un día de anticipación. Introduce un palito para paleta en cada yogurt con todo y tapa. Congélalo durante toda la noche o más tiempo si lo deseas. Retira los yogurts del congelador y del envase de plástico. Colócalos en un Tupperware® con divisiones y pon a un lado bolsitas selladas de gel para que las paletas se mantengan congeladas.

agua de tuna

(5 min) Rinde para 2 porciones

2 tunas verdes

1/2 litro de agua

Azúcar morena al gusto

En una licuadora mezcla las tunas con el agua y el azúcar. Cuela y vierte en un vaso Tupperware®. Rectifica el sabor y, si fuera necesario, agrega más azúcar.

mini croissants rellenos
palomitas caseras
gajitos de mandarina, naranja y toronja
yogurt tipo petit suisse
agua de papaya

mini croissants rellenos

(5 min) Rinde para 4 porciones

4 cuernitos pequeños

1 cda. de mayonesa
La Costeña®

100 g de pechuga de pavo
en rebanadas delgadas

100 g de queso manchego
en rebanadas delgadas

Parte los cuernitos horizontalmente a la mitad con un cuchillo de sierra. Unta la base con mayonesa. Rellena con la pechuga de pavo y el queso manchego. Tapa y coloca en un Tupperware®.

palomitas caseras

(15 min) Rinde para 4 porciones

**Necesitarás: una
bolsa de papel**

2 cdas. de aceite de canola

1 taza de granos de
maíz palomero

2 cditas. de sal

1 cda. de aceite de oliva

1 taza de queso parmesano
rallado

Calienta el aceite en una olla. Cuando esté bien caliente, añade los granos de maíz, tapa la olla y agítala hasta que revienten. Espolvorea con la sal y mezcla. Añade el aceite de oliva y el queso parmesano. Coloca en una bolsa de papel.

Estas palomitas no se pueden hacer desde la noche anterior porque se aguadan.

gajitos de mandarina, naranja y toronja

(15 min) Rinde para 2 porciones

1 toronja sangría
1 naranja dulce
1 mandarina

Lava los cítricos y, sobre una tabla de picar, córtales la parte superior e inferior hasta llegar a la pulpa. Con un cuchillo filoso retira la cáscara y la piel de color blanco siguiendo el contorno de la fruta. Toma la fruta y corta en ambos lados de la membrana para separar los gajos. Retira las semillas. Acomoda en un Tupperware® en forma decorativa.

agua de papaya

(5 min) Rinde para 2 porciones

1/2 taza de cubos de papaya
1/2 litro de agua
Azúcar morena al gusto
1/2 limón (opcional)

Licúa los cubos de papaya con el agua y azúcar al gusto. Cuela y vierte en un vaso Tupperware®; colócalo en la lonchera. Puedes agregarle limón.

un consejo:

Cuando no tengas a la mano fruta fresca, puedes sustituirla por cocktail de frutas La Costeña®. Sus latas tienen un recubrimiento especial que preserva mejor sus nutrientes, además, evita el contacto del producto con el envase de metal.

rollitos de jamón serrano con melón
pan integral con mermelada
malteada de galletas de chocolate
o smoothie energético

rollitos de jamón serrano con melón

(5 min) Rinde para 2 porciones

Necesitarás: cortador
para hacer bolitas

50 g de jamón serrano
en rebanadas delgadas
(puedes usar jamón de pavo)
- -
1/2 melón

Parte las rebanadas de jamón serrano a la mitad y forma rollitos. Usando el cortador especial, haz bolitas de melón. Coloca varias bolitas en un Tupperware® con divisiones y acompaña con los rollitos de jamón.

pan integral con mermelada

(5 min) Rinde para 2 porciones

1 rebanada de pan tostado
- -
1 cda. de margarina San
Antonio Squeeze® (puedes
usar mantequilla Gloria®)
- -
1 cda. de mermelada de fresa
La Costeña® o al gusto

Corta la rebanada de pan tostado en cuartos. Unta cada cuarto con la margarina y cubre con la mermelada. Coloca en un Tupperware® con divisiones.

malteada de galletas de chocolate

(5 min) Rinde para 2 porciones

6 galletas de chocolate
partidas en trozos

1 1/2 tazas de leche
descremada

1 bola de helado de vainilla

Coloca todos los ingredientes en el vaso de la licuadora y mezcla hasta integrar por completo. Vierte en un vaso Tupperware®. A los niños les encanta esta malteada.

Otra opción para acompañar este menú es:

smoothie energético

(3 min) Rinde para 2 porciones

2/3 taza de jugo de naranja

2/3 taza de jugo de manzana

1 plátano congelado
partido en trozos

2 fresas grandes
o 4 pequeñas, sin tallo
ni cáliz (hojas), congeladas
que hayan sido regadas
con agua pura

Licúa todos los ingredientes y coloca en un vaso Tupperware®. También puedes añadir a este smoothie un durazno o un mango pequeño maduro congelado.

ensalada de atún
brochetas de queso manchego
sándwiches de galletas con mermelada
o queso crema o cajeta
agua de melón con almendras

ensalada de atún

(10 min) Rinde para 2 porciones

1 lata de atún en
agua escurrido

3 cdas. de mayonesa con
jugo de limón La Costeña®

6 galletas saladas

En un tazón desmenuza bien el atún con ayuda de un tenedor. Mézclalo con la mayonesa usando una cuchara sopera. Coloca en un Tupperware® pequeño con tapa, refrigera hasta el momento de poner en la lonchera. Acompaña con galletas saladas.

brochetas de queso manchego

(25 min) Rinde para 4 porciones

Necesitarás: 4 palos de
madera para brocheta

1 taza de migas de pan
integral o pan mólido

2 huevos ligeramente batidos

1/4 cdita. de sal de apio y
de pimienta blanca

200 g de queso
manchego fresco

1 litro de aceite de canola

Salsa agridulce comprada
o salsa catsup La Costeña® o
casera (receta en la página 40)

En un tazón coloca las migas de pan o pan molido. En otro tazón coloca los huevos; sazónalos con sal y pimienta; revuelve. En una tabla para picar coloca el queso y pártelo en cubitos de 3 cm. Inserta los trocitos de queso en los palos de madera para brocheta, de 3 en 3. Sumerge los palos de madera en el huevo y espolvorea las brochetas con el pan molido. Repite la operación para tener un empanizado perfecto. En una olla o freidora calienta el aceite a fuego medio-alto. Cuando el aceite esté muy caliente, sumerge las brochetas deteniéndolas del palo con unas pinzas. Fríe hasta dorar ligeramente. Corta las puntas de las brochetas con tijeras y colócalas en un Tupperware®; acompaña las brochetas con la salsa agridulce o salsa catsup en un Tupperware® pequeño.

Para hacer las migas de pan (pan molido casero), coloca los sobrantes de pan suave o pan duro en un procesador de alimentos y muélelos.

sándwiches de galletas con mermelada o queso crema o cajeta

(5 min) Rinde para 1 porción

6 galletas Marías

3 cditas. de mermelada La Costeña® de fresa, durazno, o chabacano, o la misma cantidad de queso crema, o de cajeta quemada

Unta 3 galletas Marías con el relleno de tu elección, tapa cada una con otra galleta y colócalas en un Tupperware®.

agua de melón con almendras

(10 min) Rinde para 2 porciones

1/4 taza de almendras

1/2 melón mediano con todo y semillas (aprovecha los sobrantes de las bolitas)

2 tazas de agua fría

4 cdas. de azúcar morena

Hielo picado

Remoja las almendras en agua caliente y quítales la piel. Retira la cáscara del melón, rebánalo y licúalo con las almendras peladas, el agua y el azúcar. Cuela. Sírvelo en un vaso Tupperware® o en una cantimplora con hielo picado.

un consejo:

La mayonesa ayuda a resaltar el sabor de los platillos y a los niños les encanta. Te recomiendo usar la mayonesa con jugo de limón de La Costeña® porque contiene vitamina A, proteínas, lecitina y vinagre.

sándwich integral de frijoles con aguacate
manzana verde con yogurt cremoso
figuras de arroz inflado con malvaviscos
agua de tamarindo

sándwich integral de frijoles con aguacate

(10 min) Rinde para 2 porciones

4 rebanadas de pan
integral de caja

1 lata (580 g) de frijoles
La Costeña® negros
o bayos refritos

1 aguacate

El jugo de 1/2 limón

Sal al gusto

Quítale las orillas al pan, usando un cuchillo de sierra, y resérvalas para otro uso (molerlas para empanizar). Parte el pan en triángulos. En una sartén a fuego medio calienta los frijoles. En un tazón machaca el aguacate, mezcla con el jugo de limón y sazona con sal. Unta un triángulo de pan con frijoles y otro con aguacate machacado. Une ambos triángulos. Repite la operación con el pan restante. Coloca en un Tupperware®. Si quieres puedes agregar queso o pechuga de pavo.

manzana verde con yogurt cremoso

(8 min) Rinde para 1 porción

1 manzana verde

1 limón partido a la mitad

5 cdas. de yogurt cremoso

5 cdas. de granola preparada
con almendras, nuez,
pasitas y fruta seca

Descorazona la manzana y corta en 6 rebanadas horizontales de aproximadamente 1 cm (como donas). Rocía ambos lados de las rebanadas con el jugo de limón para que no se pongan oscuras. Coloca una rebanada de manzana en un Tupperware®, añade una cucharada de yogurt y otra de granola. Repite la operación hasta terminar con todos los ingredientes.

figuras de arroz inflado con malvaviscos

(15 min) Rinde para 8 porciones

Necesitarás: capacillos
de papel decorados

Aceite de canola sabor
mantequilla en aerosol
- - - - - - - - - - - - - - - - - -
70 g de margarina San
Antonio Squeeze® (puedes
usar mantequilla Gloria®)
- - - - - - - - - - - - - - - - - -
280 g de malvaviscos
- - - - - - - - - - - - - - - - - -
6 tazas de cereal
de arroz sabor chocolate
(o el de tu preferencia)
- - - - - - - - - - - - - - - - - -
1/4 taza de linaza molida
sabor natural (opcional)

En una olla grande a fuego bajo derrite la margarina, añade los malvaviscos y la linaza, si así lo deseas, y mezcla hasta que se derritan los malvaviscos. Retíralos del fuego e intégralos rápidamente con el cereal. Si lo deseas, puedes formar bolitas y colocarlas en capacillos de papel, o hacer copas poniendo la mezcla en moldes para mantecadas previamente engrasados con aceite y apachurrando la mezcla para darles la forma de la copa; luego las copas pueden rellenarse con helado. También puedes hacer figuras con cortadores para hacer galletas.

agua de tamarindo

(20 min) Rinde para 4 porciones

4 vainas de tamarindo
- - - - - - - - - - - - - - - - - -
1 litro de agua
- - - - - - - - - - - - - - - - - -
1/4 taza de azúcar morena

Lava las vainas de tamarindo, retira la cáscara y remojalas en el agua caliente durante 15 minutos. Presiónalas para sacarles la pulpa y cuela sobre una jarra Tupperware®. Agrega el azúcar y mezcla hasta integrar. Vierte en un vaso Tupperware® y colócalo en la lonchera.

un consejo:

Los frijoles refritos de La Costeña® contienen calcio, complejo B, hierro, magnesio y potasio. Así que, cuando tengas poco tiempo, puedes sustituir los frijoles preparados en casa con una lata de éstos.

segunda semana

ensalada de pollo deshebrado con mayonesa y verduras
fruta seca mixta
mini bisquet con mermelada
agua de mandarina

ensalada de pollo deshebrado con mayonesa y verduras

(45 min) Rinde para 4 porciones

Necesitarás: una bolsa
con cierre hermético

1 pechuga de pollo mediana
con hueso y sin piel

1/2 taza de mayonesa con
jugo de limón La Costeña®

1 cda. de leche descremada

Sal y pimienta al gusto

1 taza (150 g) de
zanahoria cocida

1 taza (150 g) de
chícharos cocidos

Galletas saladas

Coloca una olla mediana, u olla express, con agua a fuego medio. Agrega la pechuga y déjala cocer durante 45 minutos en olla común, o 30 minutos si usas olla express (puedes agregar al agua de cocimiento del pollo 1/2 cebolla, 2 zanahorias y 1 elote, para usar ese caldo). Retira la pechuga del agua y déjala enfriar. Deshébrala en hilos muy delgados. Agrega la mayonesa y la leche; mezcla. Sazona con sal y pimienta. Añade la zanahoria picada y los chícharos; vuelve a mezclar. Coloca la ensalada en un Tupperware®. Acompáñala con galletas saladas guardadas dentro de una bolsa con cierre hermético.

fruta seca mixta

(5 min) Rinde para 2 porciones

50 g de fruta seca de
tu elección: manzana,
mango, ciruela pasa, pera
o chabacano, picada en
trocitos de 1 cm

Coloca la fruta mixta dentro de un Tupperware® para que el niño disfrute de una botana nutritiva.

mini bisquet con mermelada

(5 min) Rinde para 1 porción

1 mini bisquet (lo encuentras
en panaderías,
pastelerías y súper)

1 cda. de mermelada
La Costeña™ de tu elección

Puedes agregarle
queso crema

Parte el mini bisquet por la mitad horizontalmente. Colócalo en un Tupperware®. Acompáñalo con la mermelada dentro de otro Tupperware® pequeño.

agua de mandarina

(5 min) Rinde para 2 porciones

1/2 litro de agua
1 cda. de azúcar morena
1 mandarina partida a la mitad

Coloca el agua en una jarra Tupperware®. Agrega el azúcar, mezcla con ayuda de una cuchara y deja reposar (el azúcar se diluye más rapidamente si se agrega antes que la mandarina). Coloca un colador sobre la jarra, exprime la mandarina y mezcla. Rectifica el sabor. Si lo deseas, añade más mandarina.

un consejo:

Si no tienes tiempo de preparar la verdura en casa, usa una lata de chícharos y zanahorias La Costeña®. Además de que no contiene conservadores, está adicionada con vitaminas y minerales que ayudan a prevenir enfermedades.

hot dog con queso amarillo derretido
camote dulce y papas fritas caseras
bolitas de melón con queso cottage
horchata de arroz

hot dog con queso amarillo derretido

(8 min) Rinde para 1 porción

Necesitarás: papel encerado

1 pan para hot dog

1 salchicha de pavo

1 rebanada de queso amarillo

2 cdas. de salsa catsup
La Costeña® o casera
(receta en la página 40)

Calienta el pan a baño María, dentro de una bolsa de plástico, alrededor de 5 minutos. Mientras se calienta, mete la salchicha en una olla con agua hirviendo a cubrir durante 3 minutos, o ásala en una sartén hasta dorar ligeramente. Colócala dentro del pan. En una sartén mezcla la rebanada de queso amarillo con la salsa catsup y déjala derretir. Vierte sobre la salchicha. Envuelve en papel encerado para mantener la temperatura y coloca en un Tupperware®.

camote dulce y papas fritas caseras

(20 min) Rinde para 6 porciones

Necesitarás: papel decorado
para un cucurucho y
una mandolina

2 camotes pequeños
o 1 mediano

3 papas pequeñas
o 2 medianas

1 litro de aceite de canola

Sal al gusto

Retira la piel de los camotes y de las papas. Con una mandolina córtalos en rebanadas muy delgadas. Enjuágalos en un tazón con agua fría, escúrrelos en un colador y sécalos con toallas de papel. Fríe los camotes en una olla grande, o freidora, con el aceite bien caliente alrededor de 10 minutos, hasta dorar muy ligero. Escúrrelos sobre toallas de papel. Espolvorea con sal. Repite la operación con las papas. Colócalos juntos en un cucurucho de papel decorado.

Cuando vas a freír algo es importante que el aceite esté muy caliente, así sellarás los alimentos y no absorberán tanta grasa.

Si no puedes preparar las papas caseras, cómpralas. Recuerda que no es malo comer papas fritas, lo que importa es cuántas comemos y con qué las combinamos.

bolitas de melón con queso cottage

(5 min) Rinde para 2 porciones

Necesitarás: cortador
especial de bolitas

Forma bolitas usando el cortador especial. Acompáñalas con el queso. Coloca en un Tupperware®. Usa la fruta restante para preparar agua.

1/2 melón chino
- -
1/2 melón Valencia
- -
2 rebanadas de sandía
(opcional)
- -
1/2 taza de queso cottage
(puedes sustituir el queso con
yogurt o media crema)

horchata de arroz

(15 min + 20 min de remojo del arroz) Rinde para 8 porciones

1/2 taza de arroz
remojado en agua tibia
durante 20 minutos
- -
1 litro de agua
- -
1 rajita de canela
- -
2 cdas. de azúcar morena
- -
La cáscara de 1/2 limón

Remoja el arroz durante 20 minutos, enjuágalo 3 veces y muélelo en la licuadora con el agua, la canela, el azúcar y la cáscara de limón. Se sirve sin colar.

arroz blanco con albóndigas miniatura
en caldillo de jitomate
cubos de quesos
yogurt con fruta y galletas
agua de hierbabuena

arroz blanco con albóndigas miniatura en caldillo de jitomate

(30 min) Rinde para 6 porciones

1/2 taza de arroz	**Arroz:** Enjuaga y escurre el arroz. Colócalo en una olla express con el agua. Cierra la tapa y ponlo a cocer a fuego alto. Cuando empiece a salir vapor toma el tiempo, reduce el fuego y déjalo hervir durante 12 minutos sin ponerle la válvula a la olla. Puedes cocinarlo como tú prefieras.
1 taza de agua	
1 cdita. de sal	

1/2 taza de arroz

1 taza de agua

1 cdita. de sal

Arroz: Enjuaga y escurre el arroz. Colócalo en una olla express con el agua. Cierra la tapa y ponlo a cocer a fuego alto. Cuando empiece a salir vapor toma el tiempo, reduce el fuego y déjalo hervir durante 12 minutos sin ponerle la válvula a la olla. Puedes cocinarlo como tú prefieras.

250 g de filete de res molido

1 huevo

1 cdita. de salsa inglesa

1 cdita. de jugo sazonador

1/4 cdita. de sal con cebolla
y la misma cantidad
de pimienta negra molida

Albóndigas: En un tazón mezcla la carne con los demás ingredientes. Forma bolitas del tamaño de una canica y resérvalas.

1 cda. de aceite de canola

2 tazas de puré de
tomate La Costeña®

1/2 cdita. de sal con cebolla

1/4 cdita. de ajo en
polvo y la misma cantidad
de pimienta negra molida

Caldillo: Calienta el aceite en una olla a fuego medio, agrega el puré, sazona con la sal, la cebolla, el ajo en polvo y la pimienta. Deja hervir alrededor de 5 minutos. Añade las albóndigas al caldillo hirviendo y déjalas cocer durante 10 minutos.

Coloca el arroz en un Tupperware® y agrega alrededor de 6 albóndigas con su salsita.

cubos de quesos

(5 min) Rinde para 1 porción

Necesitarás: pinchos de plástico con punta cortada

60 g de queso gruyere, panela y manchego (o los quesos de tu preferencia) partidos en cubitos de 1 cm

4 aceitunas sin hueso

1 cdita. de aceite de oliva (opcional)

Mezcla los quesos con las aceitunas y si prefieres báñalos con el aceite de oliva. Colócalos en un Tupperware® y refrigera hasta el momento de poner en la lonchera.

yogurt con fruta y galletas

(10 min) Rinde para 1 porción

Necesitarás: bolsa de plástico con cierre hermético

3 galletas Marías

1/2 taza de yogurt cremoso natural o de sabor

1/2 taza de fruta (frambuesas, fresas, mandarina y durazno) partida en cubitos de 1 cm

Coloca las galletas Marías en una bolsa de plástico con cierre hermético. Presiónalas con ayuda de un rodillo hasta molerlas y reserva. Coloca el yogurt en un Tupperware®, agrega la fruta encima y espolvorea con las galletas molidas.

agua de hierbabuena

(5 min) Rinde para 4 porciones

1/4 taza de hojas de hierbabuena o menta lavadas

1 litro de agua

2 cdas. de azúcar morena

El jugo de 1/2 limón (opcional)

Coloca las hojitas de hierbabuena en un mortero. Agrega el azúcar y machaca con la mano del mortero. Intégralo con el agua y, si lo deseas, añade el jugo de limón. Vierte en un vaso Tupperware®. Es una bebida sumamente refrescante para los días de calor.

ensalada de surimi con pepino
cous cous con zanahoria
paletas heladas de plátano
juguito en tetrapack o leche de sabor

ensalada de surimi con pepino

(8 min) Rinde para 2 porciones

3 barras de surimi picado en
cubitos muy pequeños

1 pepino sin semillas picado
en cubitos muy pequeños

El jugo de 2 limones

1 cda. de salsa catsup
La Costeña® o casera
(receta en la página 40)

Galletas saladas

Mezcla el surimi con el pepino en un tazón. En otro tazón mezcla el jugo de limón con la catsup e integra con la mezcla de surimi. Rectifica la sazón y añade sal si es necesario. Coloca en un Tupperware® y acompaña con galletas saladas.

cous cous con zanahoria

(15 min) Rinde para 4 porciones

1 1/3 tazas de caldo de pollo

2 cdas. de margarina San
Antonio Squeeze® (puedes
usar mantequilla Gloria®)

1 taza de cous cous
(lo compras en el súper)

2 zanahorias sin piel
bien cocidas y picadas
en trocitos muy pequeños

1/2 taza de pasitas (opcional)

Sal al gusto

Calienta el caldo en una olla a fuego bajo y reserva. En otra olla derrite la margarina, agrega el cous cous y cocina durante un minuto mezclando para cubrir completamente el cous cous con la margarina. Añade el caldo y las zanahorias. Tapa y deja cocer a fuego bajo durante 4 minutos. Añade las pasitas, si las usas. Rectifica la sazón y, si fuera necesario, agrega sal. Se puede comer tibio o a temperatura ambiente. Coloca en un Tupperware®.

paletas heladas de plátano

(10 min + 2 horas de congelación) Rinde para 4 porciones

Necesitarás: una hoja de papel encerado de 30 cm, 4 palos pequeños para paleta y 2 bolsitas selladas de gel para congelación

4 plátanos dominicos no muy maduros sin cáscara

1 barra (150 g) de chocolate para repostería semiamargo, o con leche, partida en trozos

Para las coberturas:

50 g de chochitos de azúcar de colores, o de granillo de chocolate blanco, o de coco dulce rallado, o de nuez asada picada, o la cobertura de tu preferencia

Inserta los palos de paleta en los plátanos hasta llegar a la mitad. Colócalos en el congelador durante una hora sobre una charola cubierta con papel encerado. Derrite el chocolate en una olla pequeña colocada sobre otra olla con agua (baño María) a fuego bajo. Sostén el plátano boca abajo y con una cuchara cubre con el chocolate. Haz lo mismo con los otros tres plátanos. Coloca las coberturas en platos individuales ligeramente hondos. Con una cuchara espolvorea sobre el plátano la cobertura. Invita a los niños a que te ayuden. Una forma práctica de congelar las paletas de plátano es clavándolas en una media naranja: se detienen paradas y no se pegan a ninguna superficie. Puedes congelar varias al mismo tiempo. Congélalas durante 1 a 2 horas. Colócalas en un Tupperware® sobre 2 bolsitas selladas de gel congeladas.

molletes suavecitos de frijol
zanahorias ralladas con cacahuates
fresas cubiertas con queso crema y azúcar
agua de sandía

molletes suavecitos de frijol

(10 min) Rinde para 4 porciones

Necesitarás: papel de estraza

4 panes para hot dog

250 g de frijoles negros
o bayos La Costeña®
cocidos y apachurrados

100 g de queso manchego
o chihuahua rallado

Unta los panes con los frijoles y ponles encima el queso rallado. Hornea durante 5 minutos o hasta que el queso se derrita. Coloca sobre un trozo de papel de estraza y mete dentro de un Tupperware®.

zanahorias ralladas con cacahuates

(10 min) Rinde para 2 porciones

2 zanahorias medianas

1/2 taza de cacahuates
tostados sin sal

1/4 taza de aceite de oliva
extra virgen

El jugo de 2 limones

1 1/2 cditas. de azúcar

Sal al gusto

Chile piquín en polvo
(opcional)

Pela las zanahorias y con el rallador manual haz tiras delgadas. Mezcla con los cacahuates y coloca en un Tupperware®. En un tazón pequeño mezcla el aceite de oliva con el jugo de limón, el azúcar, la sal y el chile piquín, si lo usas. Vierte el aderezo sobre las zanahorias y revuelve.

fresas cubiertas con queso crema y azúcar

(8 min) Rinde para 6 porciones

Necesitarás: papel encerado

190 g de queso crema

3 cdas. de leche descremada

1 taza de azúcar morena

500 g de fresas que hayan sido regadas con agua pura

Cubre una charola con una hoja de papel encerado. Mezcla el queso crema con la leche usando un tenedor. Reserva. En otro tazón coloca el azúcar asegurándote de que no tenga grumos. Sostén una fresa por sus hojas, sumérgela en la salsa de queso crema y pásala por el azúcar. Colócala en la charola preparada. Repite la operación con las demás fresas y ponlas en un Tupperware®. Estas fresas se deshacen fácilmente, pero su sabor sigue siendo delicioso.

agua de sandía

(5 min) Rinde para 2 porciones

1 rebanada de sandía sin semillas

1/2 litro de agua

Azúcar morena al gusto

Licúa las rebanadas de sandía con el agua. Agrega azúcar al gusto. Cuela y vierte en un vaso Tupperware®; colócalo en la lonchera.

un consejo:

Una manera fácil de mantener las comidas calientitas hasta la hora del lunch, es envolviéndolas con papel encerado y después con papel de estraza.

tercera semana

bolitas de sushi
cebiche de pescado con mango
smoothie de piña

bolitas de sushi

(45 min) Rinde para 6 porciones

1 1/4 tazas de arroz para
sushi (lo encuentras en
cualquier súper)

1 1/2 tazas de agua

1 taza de zanahoria cocida
hasta que esté muy
suave, picada en
cuadritos muy chiquitos

1 taza de pechuga de pollo
cocida y desmenuzada en
trocitos muy chiquitos

1 cda. de aceite de cacahuate
(lo encuentras en el súper)

1 1/2 tazas de salsa
de soya light

El jugo de 1 limón

En una olla mezcla el arroz con el agua. Tapa y cocina a fuego fuerte hasta que hierva. Reduce el fuego y deja cocer durante 25 minutos o sigue las instrucciones específicas del paquete. Retira del fuego y deja reposar, tapado, durante 10 minutos. Mezcla la zanahoria con el pollo y cocina en una olla con el aceite de cacahuate a fuego bajo durante 5 minutos. Mezcla el arroz preparado con la zanahoria y el pollo. Forma bolitas pequeñitas de aproximadamente 2 cm. Mezcla la salsa de soya con el jugo de limón. Coloca las bolitas en un Tupperware® y acompaña con la salsa de soya en otro.

Puedes preparar las bolitas de sushi desde la noche anterior.

cebiche de pescado con mango

(3 min) Rinde para 4 porciones

2 tazas de jugo de limón
exprimido a mano
(así no amarga)

El jugo de 1 naranja

1/2 taza de cilantro
picado (opcional)

1 cdita. de sal

1 kg de robalo, pez sierra
o huachinango, partido
en cubitos para cebiche
(aproximadamente 1 cm)
El pescado se puede
sustituir por camaroncitos

2 mangos Manila o Ataulfo,
partidos en cubitos de 1 cm

Galletas saladas

Prepara la salsa para marinar el pescado mezclando los jugos de naranja y limón, el cilantro y la sal. Agrega la salsa al pescado y déjalo marinar durante 2 horas en el refrigerador. Escúrrelo y desecha la marinada. Mezcla el pescado con el mango. Coloca en un Tupperware® pequeño. Acompáñalo con galletas saladas.

smoothie de piña

(5 min) Rinde para 2 porciones

4 hielos

1 lata (380 ml) de piña
colada La Costeña®

1 plátano congelado
partido en trozos

Mezcla todos los ingredientes en una licuadora hasta integrarlos por completo. Vierte en un vaso Tupperware®.

un consejo:

La frescura de los ingredientes nos ofrece mayor seguridad para la salud. Procura comprar los productos frescos, especialmente los del mar.

sándwich de queso amarillo,
queso panela y aguacate
elote con mayonesa
uvas y fresas
bebida de soya

sándwich de queso amarillo, queso panela y aguacate

(8 min) Rinde para 1 porción

Necesitarás: cortadores de figuras más pequeños que las rebanadas de pan y una bolsa con cierre hermético

2 rebanadas de pan integral

2 rebanadas de queso panela del tamaño del pan y de 1/2 cm de grueso

2 rebanadas de queso amarillo

1/2 aguacate maduro sin piel

1 cdita. de jugo de limón

Sal

Coloca las rebanadas de pan sobre una tabla de picar y quítales las orillas. Deja que el niño elija el cortador que más le guste. Colócalo sobre el pan y presiónalo. Retira las figuras y reserva los sobrantes para otro uso (como para hacer pan molido). Repite la operación con los quesos y reserva. Coloca el aguacate en un tazón y machácalo. Añade el jugo de limón (para conservarlo durante más tiempo y que no se ponga negro) y sazona con sal al gusto. Unta el aguacate sobre una de las figuras de pan, cubre con los quesos y tapa con la otra figura de pan. Envuelve en una servilleta de color y colócalo dentro de una bolsa con cierre hermético decorada con estampitas.

elote con mayonesa

(8 min) Rinde para 2 porciones

Necesitarás: 4 pinchos para elote (mazorca)

1 elote amarillo previamente cocido (puede ser congelado)

4 cdas. de mayonesa con jugo de limón La Costeña®

Calienta en una olla 1/2 litro de agua. Agrega el elote (mazorca). Hiérvelo alrededor de 5 minutos, hasta que esté cocido. Retíralo del agua y pártelo en dos. Ensarta un pincho en los extremos de cada pieza y ponlas en un Tupperware®. Incluye un Tupperware® pequeño con la mayonesa, o adereza el elote al gusto del niño.

uvas y fresas

(5 min) Rinde 1 porción

3 fresas que hayan sido
regadas con agua pura
10 a 12 uvas verdes
sin semilla y lavadas

Retira el tallo y el cáliz (las hojas) de las fresas y, si estuvieran muy grandes, pártelas en trocitos. Asegúrate de comprar fresas que hayan sido regadas con agua pura. Colócalas en un Tupperware® junto con las uvas.

Para que los niños digieran mejor las uvas, es conveniente pelarlas y partirlas en trocitos.

bebida de soya

(2 min) Rinde para 4 porciones

1 litro de bebida de
soya sabor naranja
8 hielos

Licúa la bebida de soya con los hielos. Viértela en un vaso Tupperware® con tapa y colócalo en la lonchera.

un consejo:

A los niños les gusta tomar decisiones. Deja que él escoja cuál forma de cortador prefiere y comerá con más gusto. Si, además, la tarde anterior decoran juntos la bolsita del sándwich, llevará su lunch con mucho orgullo.

nuggets caseros de pollo
guacamole con totopos de figuras
gelatinas miniatura de sabores con frutas
agua de kiwi

nuggets caseros de pollo

(30 min) Rinde para 8 porciones

750 g de pechuga
de pollo cocida

1/2 cebolla

2 cdas. de perejil

1 manzana pequeña pelada

3 rebanadas de pan de caja

1 cubo de caldo de pollo

Aceite de canola en aerosol

1 huevo ligeramente batido

1 1/2 tazas de pan molido
(de preferencia casero)

1 litro de aceite de canola

Pica los 5 primeros ingredientes y colócalos junto con el cubo de caldo desmoronado en el tazón del procesador de alimentos, muélelos hasta que se integren por completo. Rocía tus manos con aceite en aerosol y moldea los nuggets en forma de tortitas redondas, cuadros o triángulos de aproximadamente 4 cm. Pásalos por el huevo y cúbrelos por todos lados con el pan molido. Fríelos en el aceite necesario, muy caliente, hasta dorarlos ligeramente. Retíralos usando una pala ranurada y colócalos sobre toallas de papel. Pon 3 piezas en un Tupperware® con divisiones y acompáñalos con catsup La Costeña® o catsup casera (receta en la página 40) en otro Tupperware®.

Estos nuggets son realmente sanos ya que tienen manzana, que además los hace más húmedos y suaves.

guacamole con totopos de figuras

(8 min) Rinde para 1 1/2 tazas

Necesitarás: moldes para hacer figuras pequeñas

1 taza de aguacate en trozos

2 cdas. de yogurt natural light

1 cda. de mayonesa
La Costeña® light

1 cda. de jugo de limón

1/8 cdita. de sal

4 tortillas de maíz grandes

1/2 litro de aceite de canola

En un tazón mediano integra el aguacate con el yogurt, la mayonesa, el jugo de limón y sal. Machaca con un tenedor. Cubre con envoltura plástica o pon en un Tupperware®. Coloca una tortilla sobre una tabla de picar y, usando moldes pequeños para cortar galletas, corta figuras para hacer los totopos (al niño le encantará ayudarte en este proceso). Retira las figuras de los cortadores y fríelas en aceite muy caliente hasta dorar. Retíralas del aceite y déjalas escurrir sobre toallas de papel. Coloca el guacamole y los totopos en un Tupperware® con divisiones.

gelatinas miniatura de sabores con frutas

(10 min + el tiempo de refrigeración) Rinde para 6 porciones

Necesitarás: moldes para gelatinas

1 paquete de gelatina de sabor de 80 g

1 taza de trocitos de fruta del sabor de la gelatina

Goza preparando junto con los niños estas divertidas gelatinas de diferentes frutas y colores. Prepara las gelatinas siguiendo las instrucciones del paquete de gelatina. Coloca la fruta en moldes miniatura y agrégales la gelatina. Refrigera hasta que cuaje bien. Desmolda introduciendo los moldes en agua caliente durante unos segundos. Coloca una gelatina en un Tupperware®.

Para tener diferentes sabores y colores compra fruta que combine con cada gelatina; por ejemplo, para las gelatinas moradas compra uva morada sin semillas, para la verde compra uva verde sin semillas, para la roja compra fresas sin tallo ni cáliz. Para la amarilla no uses piña natural porque no cuajará, mejor compra piña en almíbar La Costeña®. Usa tu imaginación.

agua de kiwi

(5 min) Rinde para 2 porciones

1/2 taza de cubos de kiwi

1/2 litro de agua

Azúcar morena al gusto

Licúa los cubos de kiwi con el agua. Agrega azúcar al gusto. Cuela y vierte en un vaso Tupperware®; colócalo en la lonchera.

tornillitos (fusilli) a la mantequilla
figuras de salchichas
abecedario de verduras
naranjada

tornillitos (fusilli) a la mantequilla

(10 min) Rinde para 1 porción

3 tazas de agua

1/2 cda. de sal

60 g de pasta fusilli

1 cda. de mantequilla
Gloria® sin sal (puedes
usar margarina San
Antonio Squeeze®)

Queso Parmesano, al gusto

Coloca una olla con el agua y la sal a fuego alto. Cuando esté bien caliente, agrega el fusilli y déjalo cocer siguiendo las instrucciones del paquete hasta que esté *al dente*. Escúrrelo. En una sartén derrite la mantequilla y agrega la pasta. Mezcla y agrega un poco de sal. Si lo deseas, espolvorea encima perejil y queso Parmesano.

figuras de salchichas

(10 min) Rinde para 2 porciones

Necesitarás: popotes
con la punta redonda

2 salchichas grandes
de pavo

1/2 litro de agua

2 cdas. salsa catsup
La Costeña® o casera
(receta en la página 40)

2 cdas. de jugo de limón

Figura de pulpo: parte las salchichas a la mitad y en cada mitad, del lado cortado, haz cortes a lo largo, los necesarios para obtener ocho brazos, sin llegar hasta la punta para que ésta sea la cabeza del pulpo.

Figura de flor: corta las salchichas en cuatro piezas. Introduce un popote en el centro de cada porción hasta que llegue a la mitad de la salchicha. Haz cortes horizontales a todo el rededor del popote, sin llegar hasta el final de la salchicha. Quita el popote.

Una vez que hayas cortado las figuras deseadas, ponlas a hervir en agua caliente hasta que obtengas la consistencia deseada; retíralas con una cuchara ranurada para que escurra el agua; espera que se enfríen y colócalas en un Tupperware®. Prepara la salsa mezclando la salsa catsup con el jugo de limón. Baña las salchichas.

abecedario de verduras

(8 min) Rinde para 1 porción

Necesitarás: cortadores pequeños de letras

1 zanahoria grande y gruesa sin piel

1 pepino grande y grueso sin piel

1 jícama pequeña y ancha sin piel

2 cdas. de jugo de limón

Sal y chile en polvo, al gusto

Corta la zanahoria, el pepino y la jícama en rebanadas largas de 1 cm de ancho. Coloca la verdura sobre una tabla de picar, deja que el niño elija las letras, puede ser la primera letra de su nombre o alguna otra que le guste. Coloca los cortadores sobre las verduras y presiona. Retira las letras y reserva los sobrantes para otro uso (como sopa de verduras molidas). Coloca las letras en un Tupperware®, rocíalas con el jugo de limón y espolvoréalas con sal y chile en polvo al gusto.

naranjada

(5 min) Rinde para 2 porciones

1/2 litro de agua

1 cda. de azúcar morena

1 naranja lavada y partida a la mitad

Coloca el agua en una jarra. Agrega el azúcar, mezcla con una cuchara larga y deja reposar (el azúcar se diluye más rápidamente si se agrega antes que el jugo de naranja). Coloca un colador sobre la jarra, exprime la naranja y mezcla. Rectifica el sabor. Si lo deseas, añade más jugo de naranja. Colócala en un vaso Tupperware®.

un consejo:

La mantequilla y la margarina son emulsiones de agua en grasa. La grasa de la mantequilla es de origen animal; la grasa de la margarina es de origen vegetal. La margarina San Antonio Squeeze® no contiene grasas saturadas y además está adicionada con vitaminas.

panini de queso oaxaca con jitomate
papas a la francesa horneadas
mango en cuadritos
agua de limón

panini de queso oaxaca con jitomate

(15 min) Rinde para 6 porciones

Necesitarás: una bolsa
de papel de estraza

1 baguette de 50 cm de largo
45 g de margarina
San Antonio Squeeze®
derretida (puedes usar
mantequilla Gloria®)
400 g de queso Oaxaca
2 jitomates bola

Corta la baguette en triángulos usando un cuchillo de sierra; corta cada uno horizontalmente a la mitad. Unta las caras partidas con la margarina derretida. Coloca rebanadas delgadas de queso y rebanadas delgadas de jitomate sobre las bases de la baguette (puedes agregar también pechuga de pavo u otros ingredientes). Cúbrelas con las tapas. Calienta los panini en un comal o sartén presionándolos con una espátula para dejarlos delgados. Guárdalos en bolsas de papel de estraza.

papas a la francesa horneadas

(30 min) Rinde para 6 porciones

Necesitarás: una caja de papel

1 cda. de aceite de canola
1 taza de harina de trigo
1 cdita. de pimienta negra
1/2 cdita. de sal de apio
1/2 cdita. de sabroseador
y pimienta roja
2 huevos
4 papas con piel y partidas en
bastones de 1 cm de grueso
Aceite de canola en aerosol

Precalienta el horno a 200°C /400°F. Rocía una charola para hornear con aceite en aerosol. En un tazón poco profundo mezcla la harina con los sazonadores. Coloca los huevos en otro tazón, bátelos. Sumerge los bastones de papa en el huevo, revuélcalos en la harina sazonada, colócalos en la charola preparada y déjalos reposar durante 10 minutos. Rocíalos con aceite en aerosol hasta cubrir por completo. Hornéalos de 10 a 15 minutos. Escúrrelos sobre toallas de papel y colócalos en una caja de papel para guardar en la lonchera. Acompáñalos con catsup La Costeña® o catsup casera (receta en la página 40) en otro Tupperware®.

Estas papas contienen menos de la mitad de la grasa que las tradicionales fritas al fuego.

mango en cuadritos

(5 min) Rinde para 1 porción

1 mango Manila o Ataulfo

Coloca el mango verticalmente sobre una tabla de picar y, con ayuda de un cuchillo filoso, rebana a los lados del hueso. Corta la pulpa haciendo un diseño en cuadritos de 1 cm. Voltea la piel del mango y desprende los cuadritos de la piel. Colócalos en un Tupperware®.

agua de limón

(5 min) Rinde para 2 porciones

1/2 litro de agua

2 cdas. de azúcar morena

1 limón

Coloca el agua en una jarra. Agrega el azúcar, mezcla con ayuda de una cuchara y deja reposar (el azúcar se diluye más rápidamente si se agrega antes que el limón). Coloca un colador sobre la jarra, exprime el limón y mezcla. Rectifica el sabor. Si lo deseas, añade más limón. Sirve el agua en un vaso Tupperware®.

un consejo:

En el panini le das al niño, al mismo tiempo, los tres grupos de alimentos: cereal (carbohidrato), queso (proteína) y jitomate (vitaminas y minerales), en un sólo platillo.

cuarta semana

camaroncitos con catsup y limón
esquites
banana hot dogs
agua de mango

camaroncitos con catsup y limón

(5 min) Rinde para 2 porciones

1 lata (195 g) de camarones pequeños (los encuentras en el súper)

4 cdas. de salsa catsup La Costeña® o casera (receta en la página 40)

El jugo de 1 limón

Chile piquín en polvo al gusto (opcional)

Galletas saladas

Escurre el líquido de los camarones. Mezcla la catsup con el jugo de limón y el chile piquín, si lo usas. Vierte sobre los camarones y mezcla con cuidado ya que éstos son muy frágiles. Colócalos en un Tupperware® con divisiones. Acompaña con galletas saladas.

esquites

(30 min) Rinde para 2 porciones

2 elotes blancos

1 rama de epazote

Sal al gusto

1 limón partido a la mitad

Chile piquín en polvo

Queso blanco rallado (al gusto)

Desgrana los elotes en crudo y colócalos en una olla mediana. Cubre con agua, agrega la rama de epazote y sazona con sal. Déjalos hervir unos 25 minutos, hasta que el elote esté tierno. Rocía con limón y espolvorea con chile piquín y queso rallado. Coloca en un Tupperware® con divisiones.

banana hot dogs

(5 min) Rinde para 2 porciones

1 plátano

El jugo de un limón

2 panes para hot dog

2 cdas. de crema de avellanas con cacao, o crema de cacahuate y mermelada La Costeña®, o miel de abeja

Parte el plátano en rebanadas de 1/2 cm y báñalas con el jugo de limón (para que no se pongan oscuras). Unta las medias noches con el relleno deseado. Coloca las rebanadas de plátano a lo largo del pan y cierra. Ponlo en un Tupperware® con divisiones.

agua de mango

(5 min) Rinde para 2 porciones

1 mango Manila o Ataulfo sin piel y partido en cubos

1/2 litro de agua

Azúcar morena al gusto

Licúa los cubos de mango con el agua. Agrega azúcar al gusto. Cuela y vierte en un vaso Tupperware®; colócalo en la lonchera.

un consejo:

La catsup de La Costeña® es la única elaborada con puro tomate, por lo cual resulta sana para la familia, además de ser una buena fuente de potasio y vitaminas A y C que ayudan a regular el balance de agua en el cuerpo.

huevos duros con mayonesa
sándwich invertido
mantecadas de plátano y chispas de chocolate
brochetas de frutas
agua natural

huevos duros con mayonesa

(18 min) Rinde para 2 porciones

2 huevos frescos, de
preferencia de granja
(orgánicos)

1 cda. de sal

2 cdas. de mayonesa La
Costeña® con jugo de limón

1 jitomate guaje partido en
rebanadas (opcional)

Galletas saladas

Si los huevos están refrigerados, déjalos reposar a temperatura ambiente por lo menos durante una hora antes de cocerlos. Coloca una olla pequeña a fuego alto con agua suficiente para cubrir los huevos. Cuando suelte el hervor agrega la sal. Cuando vuelva a soltar el hervor agrega los huevos con precaución y mezcla con una cuchara de madera para que al cuajarse la yema quede en el centro. Déjalos cocer durante 12 minutos (ó 15 minutos si los sacaste en ese momento del refrigerador). Desecha el agua y agrega agua fría. Cuando los vayas a usar, retira los cascarones y parte los huevos a la mitad. Saca la yema, mézclala con la mayonesa y sazónala con sal al gusto. Coloca las claras en el Tupperware® y, usando una cuchara, rellénalas con la yema preparada. Acompáñalos con rebanadas de jitomate y galletas saladas.

sándwich invertido

(10 min) Rinde para 4 porciones

2 rebanadas muy delgadas,
sin que lleguen a romperse,
de pechuga de pavo
partidas a la mitad

2 rebanadas de queso
manchego en rebanadas muy
delgadas y partidas a la mitad

4 palitos de pan de
harina de trigo

Precalienta el horno a temperatura para asar (lo más caliente). Cubre una charola para hornear con papel aluminio. Reserva. Coloca las rebanadas de pechuga y queso sobre una superficie de trabajo. Cubre cada palito de pan con una rebanada de pechuga y enrolla. Repite la operación con una rebanada de queso. Coloca el sándwich sobre la charola preparada. Hornea hasta que el queso se gratine y colócalo en un Tupperware®.

mantecadas de plátano y chispas de chocolate

(30 min) Rinde para 12 piezas

Necesitarás: capacillos de papel decorados

1/2 taza de aceite vegetal

2 huevos

1/4 taza de azúcar morena

3 plátanos, no demasiado maduros, machacados

2 tazas de harina de trigo

1 cda. de polvo para hornear

1 cda. de bicarbonato de sodio

1/2 cdita. de sal

1 cdita. de canela

1 taza de chispas de chocolate

Precalienta el horno a 200ºC /400ºF. En el tazón de la batidora eléctrica coloca el aceite, los huevos y el azúcar. Bate a velocidad media hasta incorporar y agrega el puré de plátano. En otro tazón mezcla la harina, el polvo para hornear, el bicarbonato, la sal y la canela. Incorpora con la mezcla anterior batiendo. Integra las chispas de chocolate. En una charola para hornear 12 mantecadas coloca los papelitos (capacillos) decorados. Vierte la mezcla en los moldes hasta la mitad, ya que esponjarán al cocinarse. Hornea durante 15 a 20 minutos o hasta que al introducir un palillo de madera éste salga limpio. Deja enfriar sobre una rejilla de alambre, retira de la charola y coloca una en la lonchera.

brochetas de frutas

(8 min + 1 hora de refrigeración) Rinde para 3 porciones

Necesitarás: 3 palos de madera cortos para brocheta

3 bolitas de sandía sin semillas

3 bolitas de melón chino

3 bolitas de melón Valencia

(puedes usar otras frutas)

Ensarta las frutas en palitos de madera con mucho cuidado para que no se rompan. Altérnalas de manera que contrasten sus colores. Corta las puntas de las brochetas con tijeras. Refrigera las brochetas durante una hora.

agua natural

250 ml de agua natural

Llena un vaso o un termo Tupperware® con agua. Es importante que el niño aprenda a tomar agua natural desde chiquito.

tacos de pollo
brócoli con queso amarillo
fresas cubiertas con chocolate
agua de jamaica

tacos de pollo

(10 min) Rinde para 2 porciones

Necesitarás: palillos de madera, una charolita de aluminio rectangular y plástico adherente

2 tortillas de maíz

4 cdas. de pollo cocido y deshebrado

Aceite para freír

2 cdas. de salsa catsup La Costeña® o casera (receta en la página 40)

2 cdas. de crema

Calienta las tortillas ligeramente para que al enrollarlas no se rompan. Extiéndelas sobre una superficie de trabajo. Coloca 2 cucharadas de pollo en el centro de cada tortilla. Enrolla las tortillas, parte cada taco a la mitad y sujeta cada mitad con un palillo de madera. Calienta el aceite en una sartén a fuego alto. Cuando esté bien caliente, fríe los tacos. Retíralos, escúrrelos sobre una toalla de papel y quítales el palillo. Mezcla la catsup con la crema en un recipiente. Coloca los tacos sobre una servilleta de papel, ponlos dentro de una charolita de aluminio y cúbrelos con plástico adherente. Acompáñalos con la salsa catsup preparada colocada dentro de un Tupperware® pequeño.

brócoli con queso amarillo

(15 min) Rinde para 4 porciones

Necesitarás: moldecitos redondos de aluminio y plástico adherente

1 cabeza pequeña de brócoli

1 litro de agua

1/2 cdita. de sal

50 g de queso amarillo

Precalienta el horno a 200°C /400°F. En una olla con agua hirviendo coce el brócoli por unos minutos o hasta que alcance la consistencia deseada (que no se sobrecosa ya que pierde sus vitaminas y minerales). Una vez cocido, escúrrelo y colócalo sobre una tabla de picar. Córtalo en ramilletes. Coloca el brócoli cocido en moldecitos redondos de aluminio. Agrega trozos pequeños de queso amarillo en cada molde. Hornea aproximadamente 2 minutos o hasta que el queso se derrita. Déjalos enfriar sobre una rejilla de alambre y, una vez fríos, cúbrelos con plástico adherente.

fresas cubiertas con chocolate

(30 min) Rinde para 6 porciones

Necesitarás: una cajita
de plástico o de cartón

20 fresas (500 g) que hayan
sido regadas con agua pura
- - - - - - - - - - - - - - - - - - - -
1 tablilla (150 g) de chocolate
para repostería semiamargo,
o con leche

Cubre una charola con papel aluminio o encerado. En una olla pequeña colocada dentro de otra olla con agua (baño María) a fuego bajo, derrite el chocolate. Sumerge cada fresa en el chocolate hasta cubrir la mitad de la fresa. Déjalas reposar sobre la charola preparada y refrigéralas por lo menos 30 minutos o durante toda la noche. Coloca las fresas en una cajita.

agua de jamaica

(20 min) Rinde para 1 litro de concentrado

1 taza de flor de jamaica
- - - - - - - - - - - - - - - - - - - -
Agua
- - - - - - - - - - - - - - - - - - - -
Azúcar morena

Lava la flor de jamaica y colócala en una olla con suficiente agua para cubrirla. Hierve durante 15 minutos. Cuela y desecha la flor. Obtendrás un concentrado de jamaica que puedes diluir y endulzar al gusto. Vierte una cucharada del concentrado en un vaso Tupperware®, agrega agua y endulza al gusto. Mantén el concentrado restante dentro del refrigerador.

un consejo:

El brócoli contiene vitáminas C y A, zinc y selenio que ayudan a fortalecer el sistema inmunológico, ácido fólico que interviene en el metabolismo, y vitamina K que ayuda al proceso de coagulación de la sangre.

pizza de pan árabe miniatura
nueces de la india y pistaches
zarzamoras y frambuesas con crema
horchata de semillas de melón

pizza de pan árabe miniatura

(15 min) Rinde para 2 porciones

Necesitarás: una bolsa
de papel de estraza

2 panes árabes
miniatura (250 g)

2 cdas. de salsa de jitomate
y albahaca (en el súper
puedes encontrar salsas
para pasta ya preparadas)

2 rebanadas de salami o
pepperoni picado en cuadritos

2 rebanadas de jamón
bajo en grasa, o pechuga de
pavo, picadas en cuadritos

200 g de queso
Oaxaca deshebrado

Precalienta el horno a 200°C /400°F o usa un hornito eléctrico. Usando una cuchara barniza una cara de los panes con una capa ligera de la salsa de tomate; déjales una orilla libre de 1/2 cm. Agrega el salami, el jamón y el queso. Hornea sobre la rejilla del horno entre 6 y 8 minutos, o hasta que el queso se derrita y el pan esté dorado y crujiente. Coloca cada pizza en un Tupperware® sobre una servilleta de papel o en una bolsa de papel de estraza. Puedes agregarle a la pizza los ingredientes de tu preferencia.

nueces de la india y pistaches

(5 min) Rinde para 2 porciones

Necesitarás: cajita de cartón

40 g de nueces de la India

80 g de pistaches
sin su cáscara

Asa las nueces y los pistaches en una sartén a fuego medio durante 5 minutos; agita la sartén de vez en cuando para que no se quemen. Pásalos a una cajita de cartón. A los niños les encantan y son muy nutritivos.

zarzamoras y frambuesas con crema

(8 min) Rinde para 4 porciones

1 caja de frambuesas

(aproximadamente 100 g)

1 caja de zarzamoras

(aproximadamente 100 g)

1 lata (225 g) de media crema

2 cdas. de azúcar morena

Agita la lata de media crema. Vacíala en un tazón y usa la batidora eléctrica hasta que la crema duplique su tamaño, añade el azúcar y sigue batiendo. Coloca la fruta en un Tupperware® y cubre con la crema batida. Espolvorea encima más azúcar si lo deseas.

horchata de semillas de melón

(20 min) Rinde para 6 porciones

1 taza de arroz

Agua hervida, la necesaria

1/2 taza de semillas de melón

10 almendras remojadas

y sin piel

1 raja de canela

Azúcar morena al gusto

La cáscara de 1 limón

Lava el arroz y remójalo en agua tibia durante 15 minutos. Escúrrelo. Muele las semillas del melón con un poco del agua, las almendras, el arroz y la canela. Cuela y desecha lo del colador. Agrega más agua, azúcar al gusto y por último la cáscara de limón. Sirve en un vaso Tupperware®.

un consejo:

Si no puedes preparar la salsa de jitomate casera, emplea el puré de tomate de La Costeña®; contiene hierro, que regenera los componentes de la sangre y nos proporciona energía. Además, el puré de tomate tiene propiedades antioxidantes y nos protege contra posibles enfermedades cardiovasculares.

tortita de pechuga de pavo y queso
brochetas de jitomate, queso y salami
rollitos de chocolate y avellana
agua de piña

tortita de pechuga de pavo y queso

(5 min) Rinde para 4 porciones

Necesitarás: bolsa de
celofán decorada

4 bolillos miniatura
- -
2 cdas. de margarina San
Antonio Squeeze® (puedes
usar mantequilla Gloria®)
- -
4 rebanadas de queso panela
- -
4 rebanadas de
pechuga de pavo
- -
Mayonesa con jugo de
limón La Costeña® y mostaza
- -
1 aguacate
- -
1 limón
- -
Sal

Corta los bolillos horizontalmente por la mitad. Barniza la base con margarina, coloca una rebanada de queso y otra de pechuga de pavo sobre la base. Si lo deseas, puedes agregar mayonesa y mostaza. Coloca el aguacate en un tazón y machácalo. Añade el jugo de limón (para conservarlo durante más tiempo y que no se ponga negro) y sazona con sal al gusto. Unta el aguacate sobre la otra base de pan. Cierra. Colócala en una bolsa de celofán decorada. Puedes preparar estas tortitas con los ingredientes de tu preferencia.

brochetas de jitomate, queso y salami

(5 min) Rinde para 4 porciones

Necesitarás: 4 palos de
madera para brocheta

4 jitomates cereza
partidos en mitades
- -
4 cubitos de queso mozarella
- -
8 rebanadas de salami
dobladas en cuatro

Inserta los ingredientes en las brochetas intercalándolos al gusto. Corta las puntas de las brochetas con tijeras. Coloca 2 brochetas en un Tupperware®. A los niños les encantarán, además de que son muy nutritivas.

rollitos de chocolate y avellana

(5 min) Rinde para 1 porción de 6 rollitos

2 rebanadas de pan de caja
blanco o integral

2 cdas. de crema de avellanas
con cacao, o crema de
cacahuate con mermelada
La Costeña®, o queso
crema con mermelada
La Costeña®, o cajeta

Corta las orillas del pan con un cuchillo de sierra y resérvalas para otro uso (pan molido). Si la crema de avellanas o la crema de cacahuate están demasiado espesas y no se pueden untar con facilidad, caliéntalas un poco para que se suavicen y así el pan no se rompa al untárselas. El queso crema también deberá estar a temperatura ambiente. Coloca las rebanadas de pan sobre una tabla de picar grande, sobreponiendo ligeramente la orilla de una rebanada sobre la otra rebanada (ver foto p. 124). Presiona con un rodillo para adelgazarlas y unirlas. Barniza con el relleno que prefieras y enrolla. Refrigera para poder rebanar mejor. Corta transversalmente en rebanadas de 1 cm de ancho usando un cuchillo de sierra. Coloca en un Tupperware® y mantén en refrigeración hasta el momento de poner en la lonchera.

agua de piña

(8 min) Rinde para 4 porciones

3 rebanadas de
piña sin cáscara

1 litro de agua

Azúcar morena al gusto

Licúa las rebanadas de piña con el agua y el azúcar. Mezcla hasta integrar por completo. Cuela y vierte en un vaso Tupperware® con tapa. Rectifica el sabor y, si fuera necesario, añade más azúcar.

agradecimientos

Quiero agradecer especialmente a Laura de la Macorra por haber sido la primera
en confiar en el proyecto, en mí, y por haberme dado todo su apoyo.

A Esteban López, Maricruz Arrubarrena y Miguel Vergara por su confianza en el libro.

Gracias a Televisa por su apoyo incondicional.

A Gustavo Vogel y Nancy de la Fuente.

A Tuppeware®, La Costeña®, Cremería Americana® y Kidzania®.

A Mariana Hagerman, Adriana Sánchez-Mejorada, Diana Caballero, Alice Sutton,
Laura Cordera, Concepción Orvañanos, Reyna Rosario, Raúl Delgadillo, Rocío
Miranda, Gustavo López y Nacho Urquiza, por su entusiasmo y entrega al proyecto.

A Marifer, Silvia, Elisa, Ganso, Gina, Virna, Paola, Huicha, Cali, Mónica, Karla y Liz
por su buena vibra y consejos. A Héctor, Ale, Jaco, Roxana y Jorge; por sus porras.

A mi papá, a mi mamá, a Tito, Lorena, Julio, Julián y Diego; su presencia es muy
importante en mi vida. A mis tíos y primos. A Annette.

A Ari, por sus sabios consejos, su apoyo incondicional y su confianza.

Y finalmente, a mis hijos Boris, Mila y Galia, las personas más importantes de mi vida.
Ellos han sido, y serán siempre, mi más grande inspiración.

se terminó de imprimir en julio de 2009. El tiro consta de
10 000 ejemplares. El cuidado de la edición estuvo a
cargo de Ámbar Diseño, S.C.

lunchpaola@gmail.com